Dessin symétrique

Pour Enfants

ce livre appartient à :

____

UNE COCCINELLE

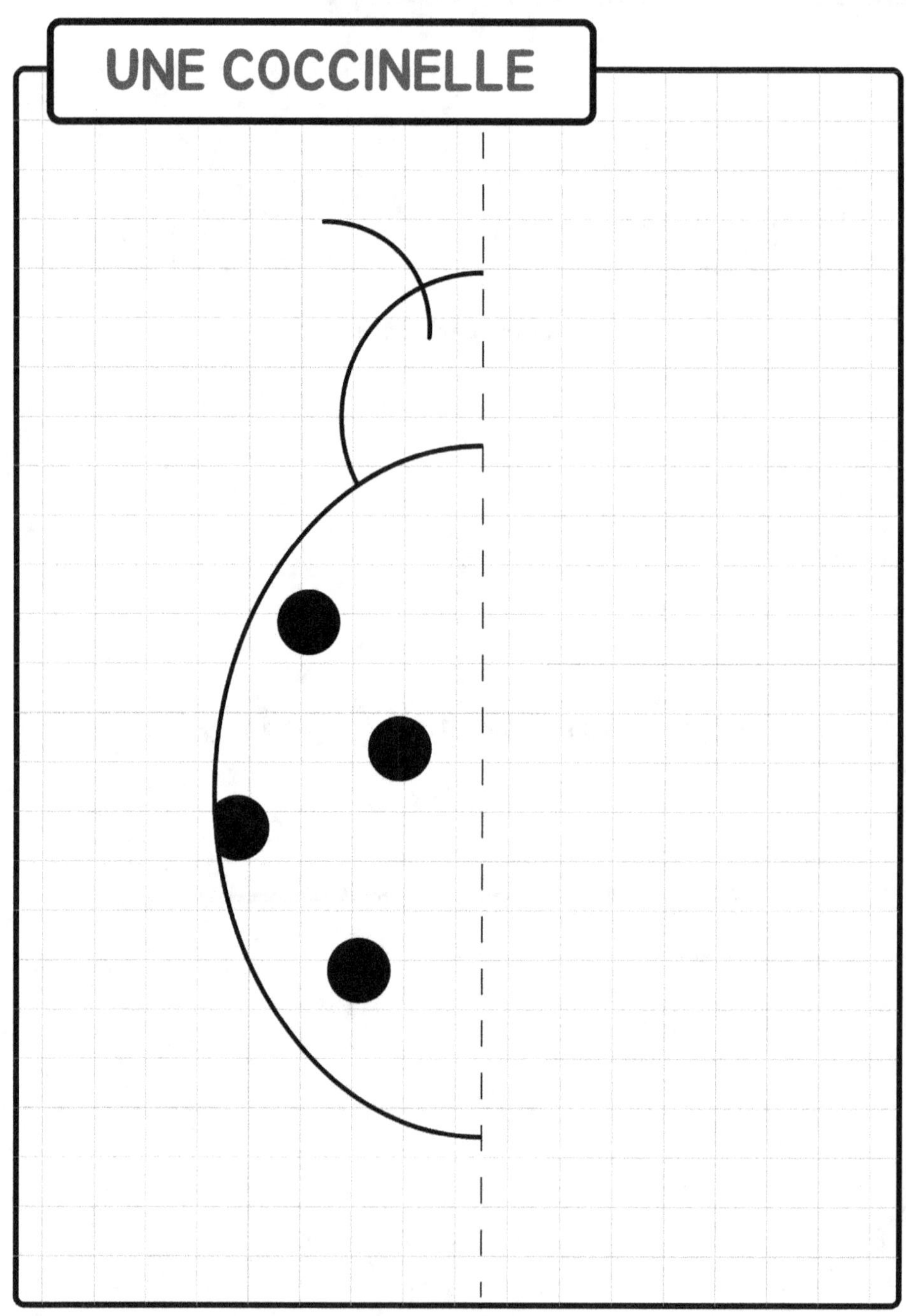

UN CHAT

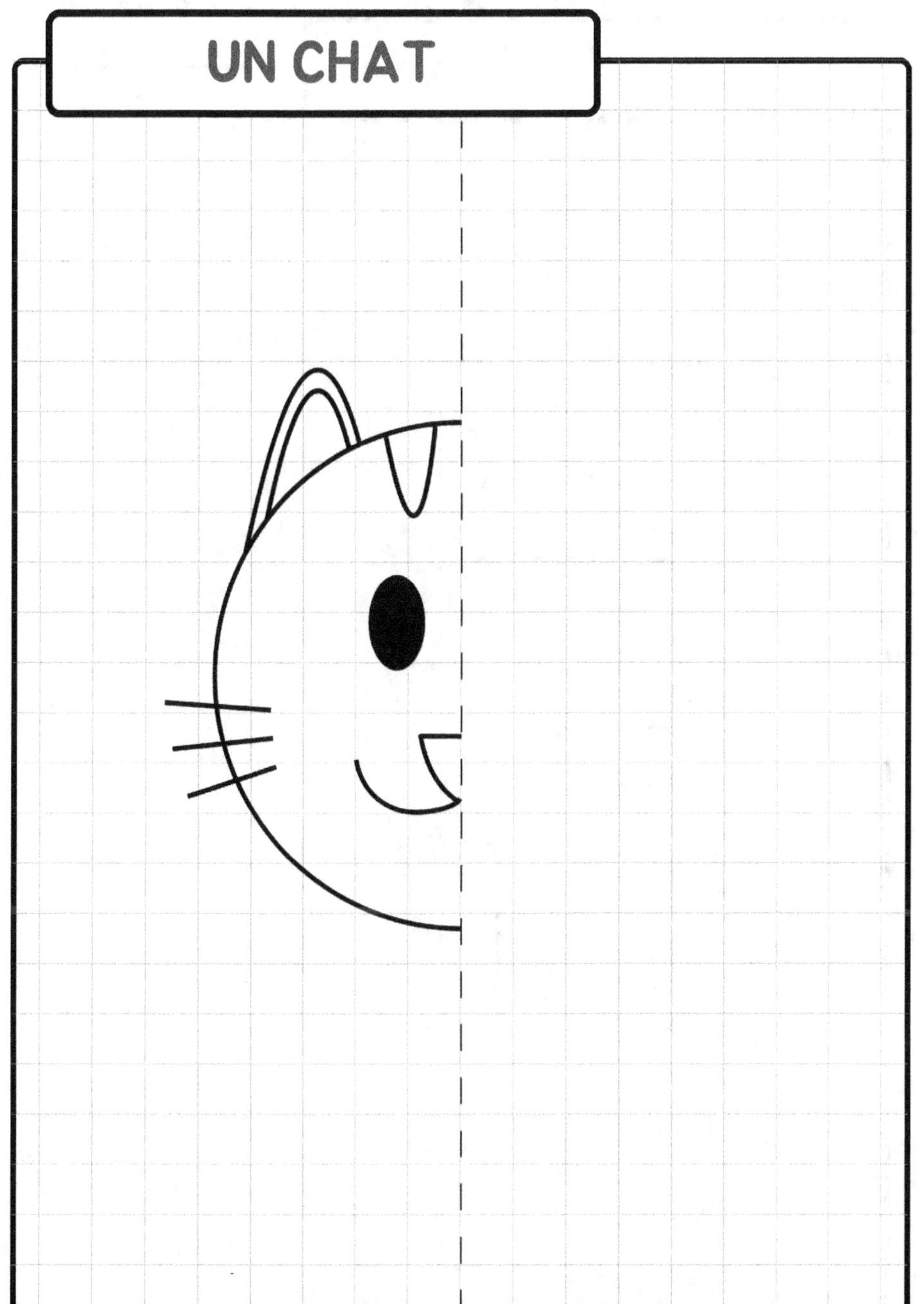

UNE MAISON

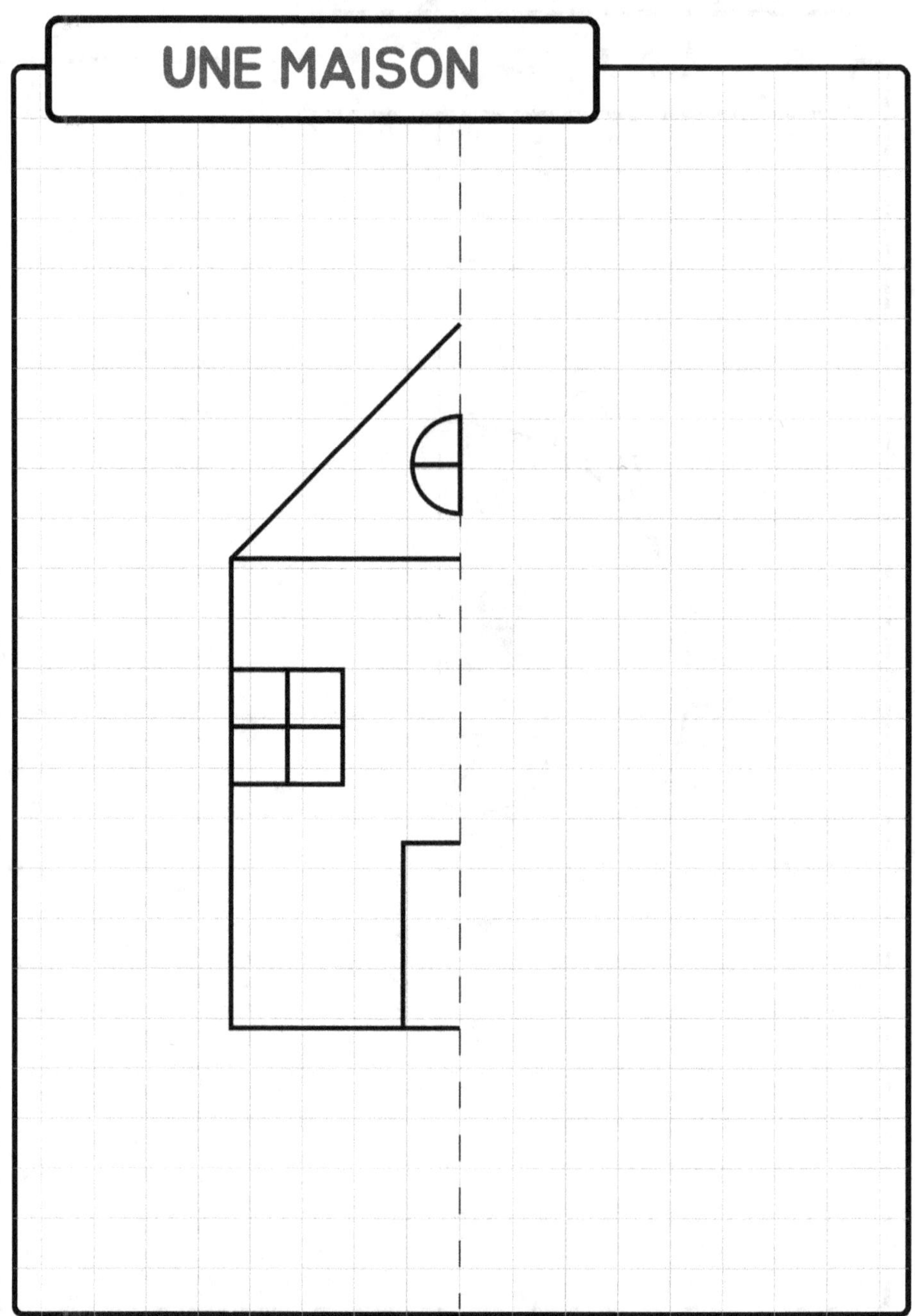

UNE FLEUR

UNE ETOILE

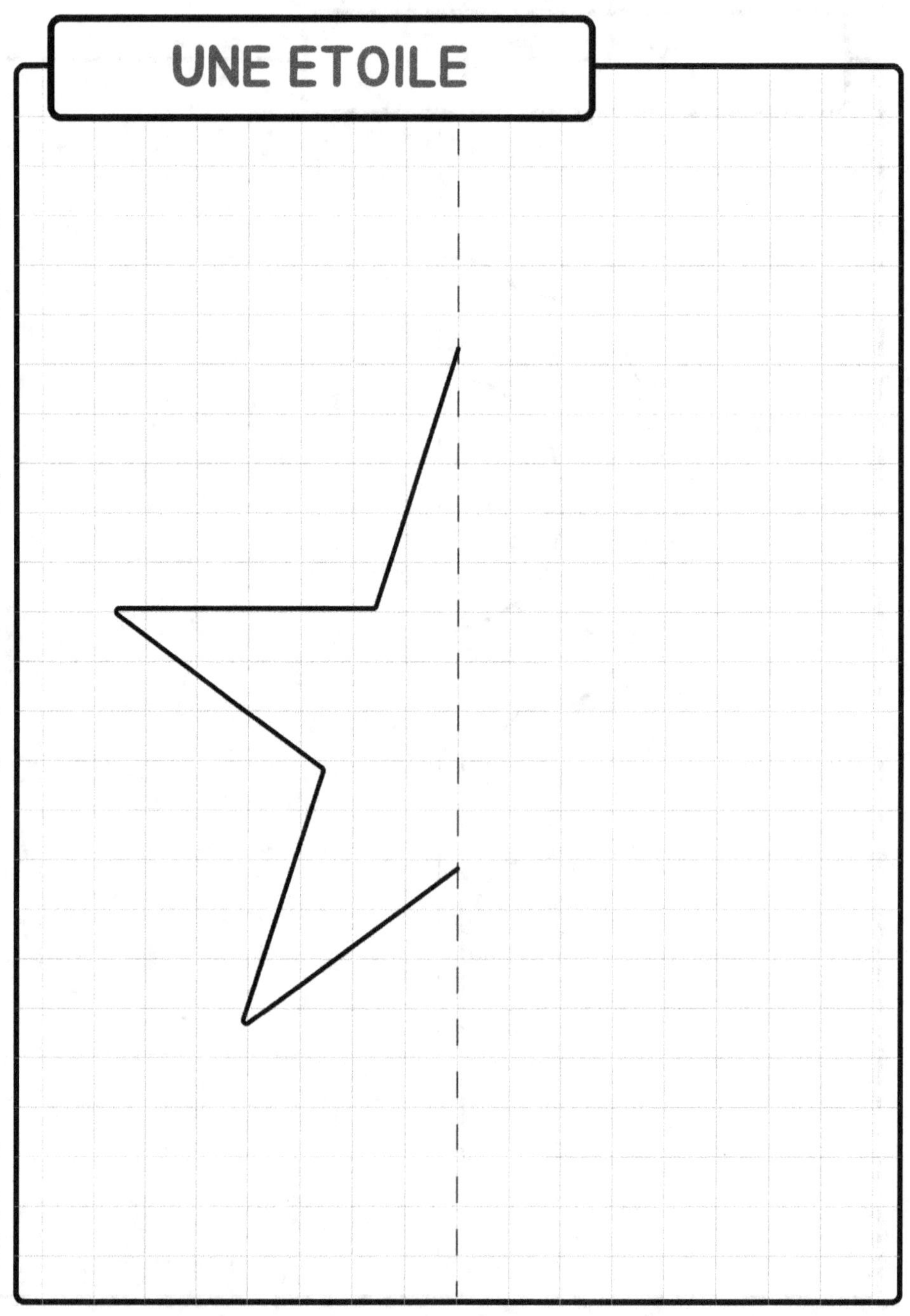

UN SOLEIL

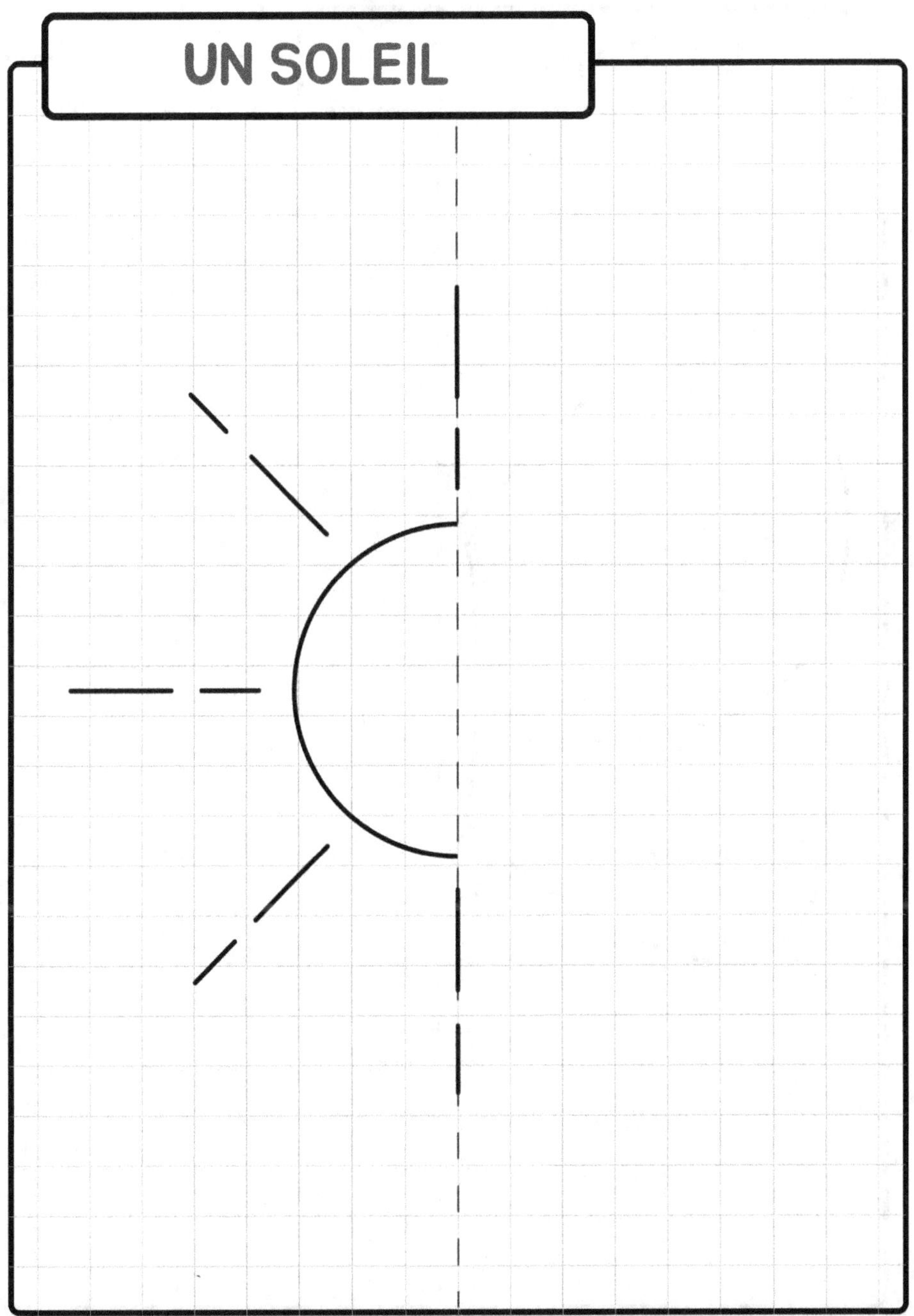

UN PAPILLON

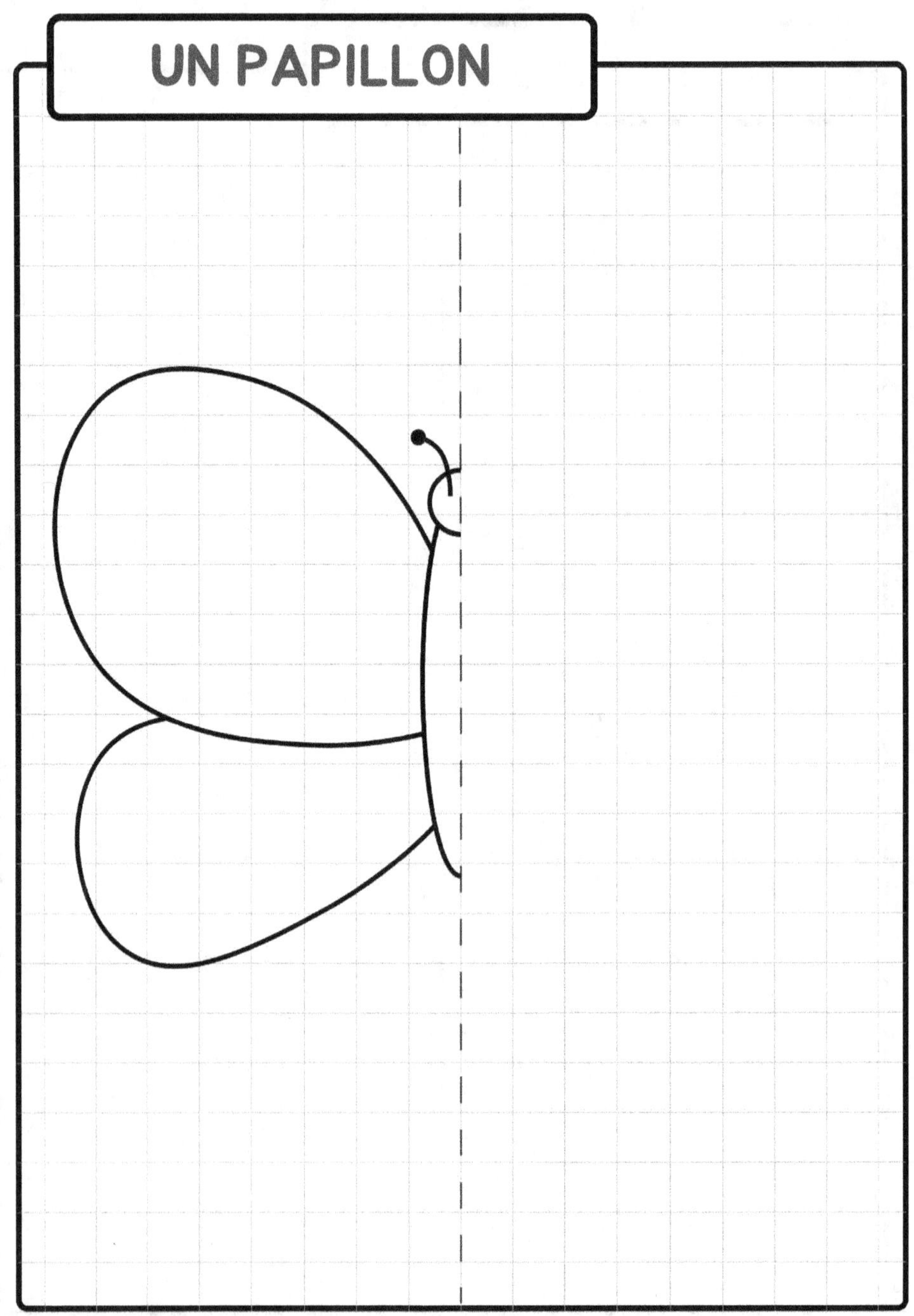

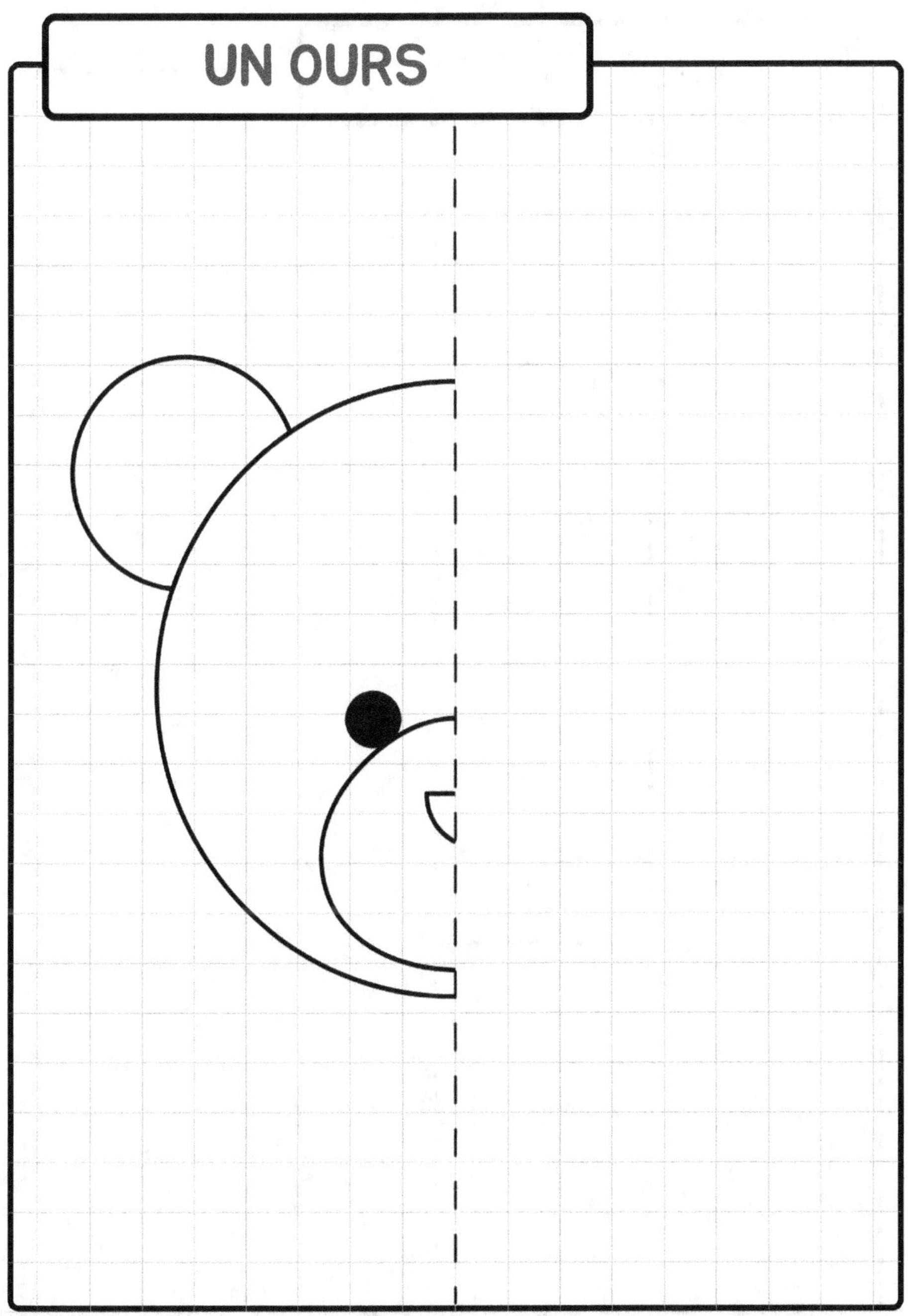

UN T-SHIRT

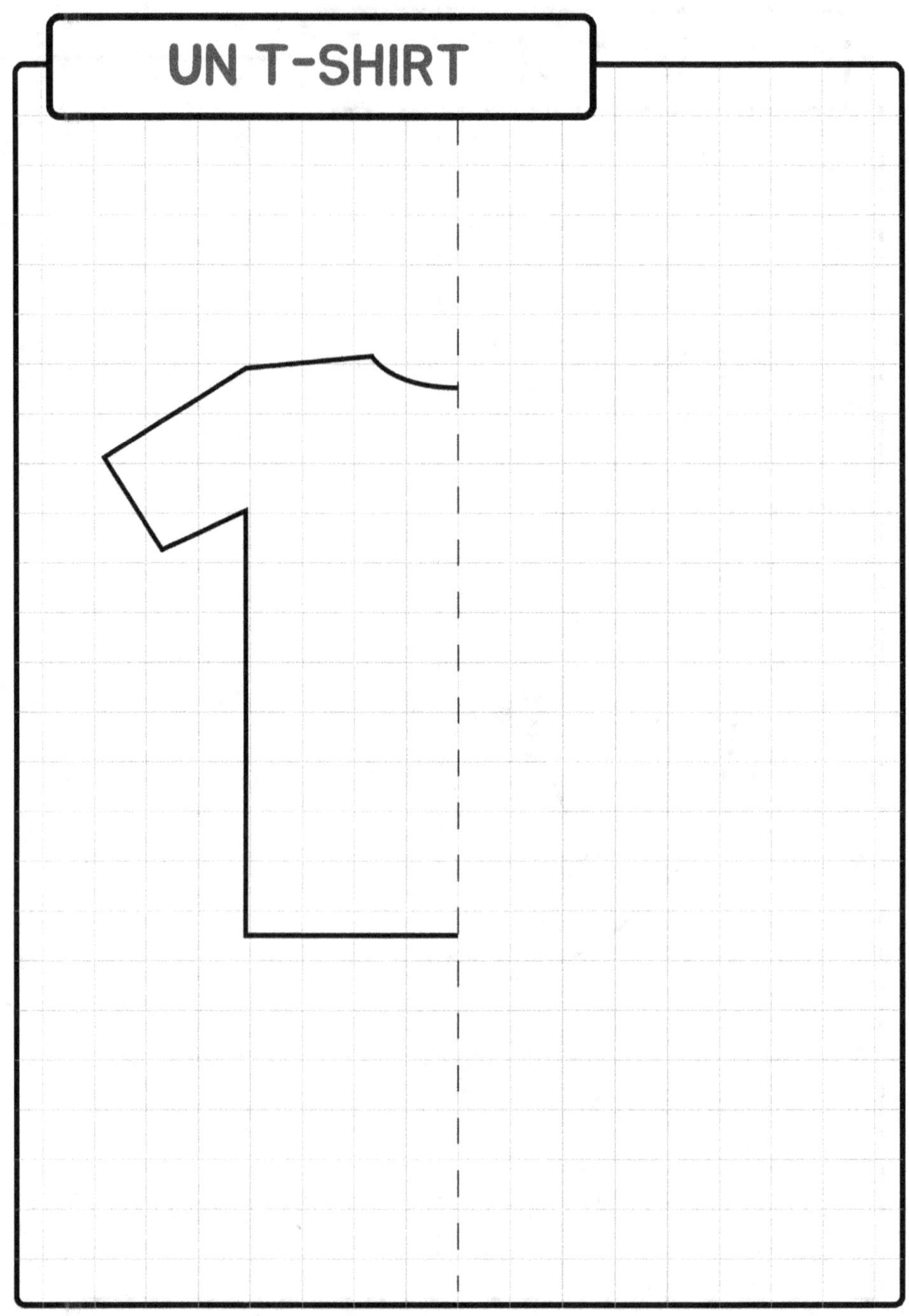

UN CRAYON

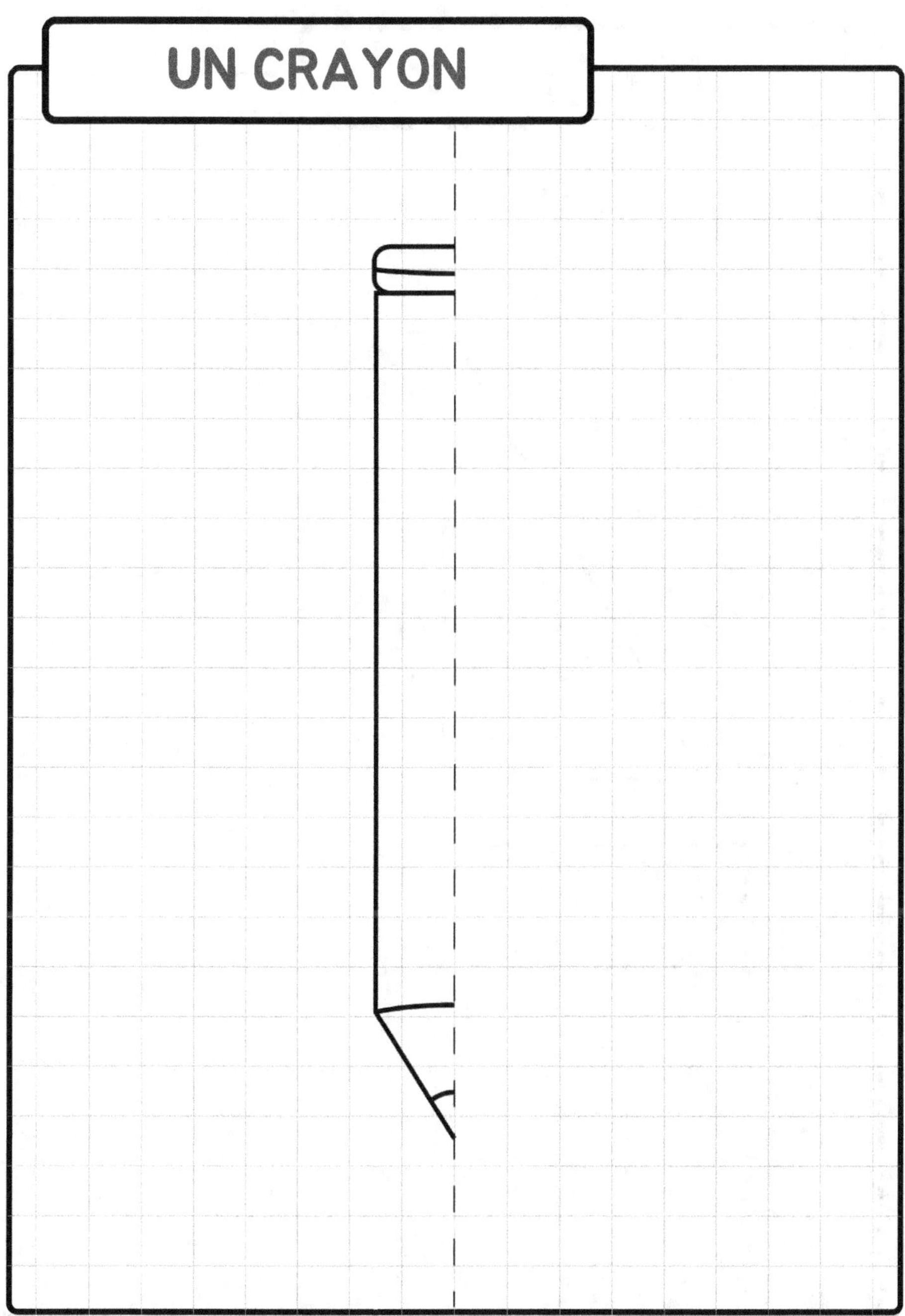

UN BATEAU

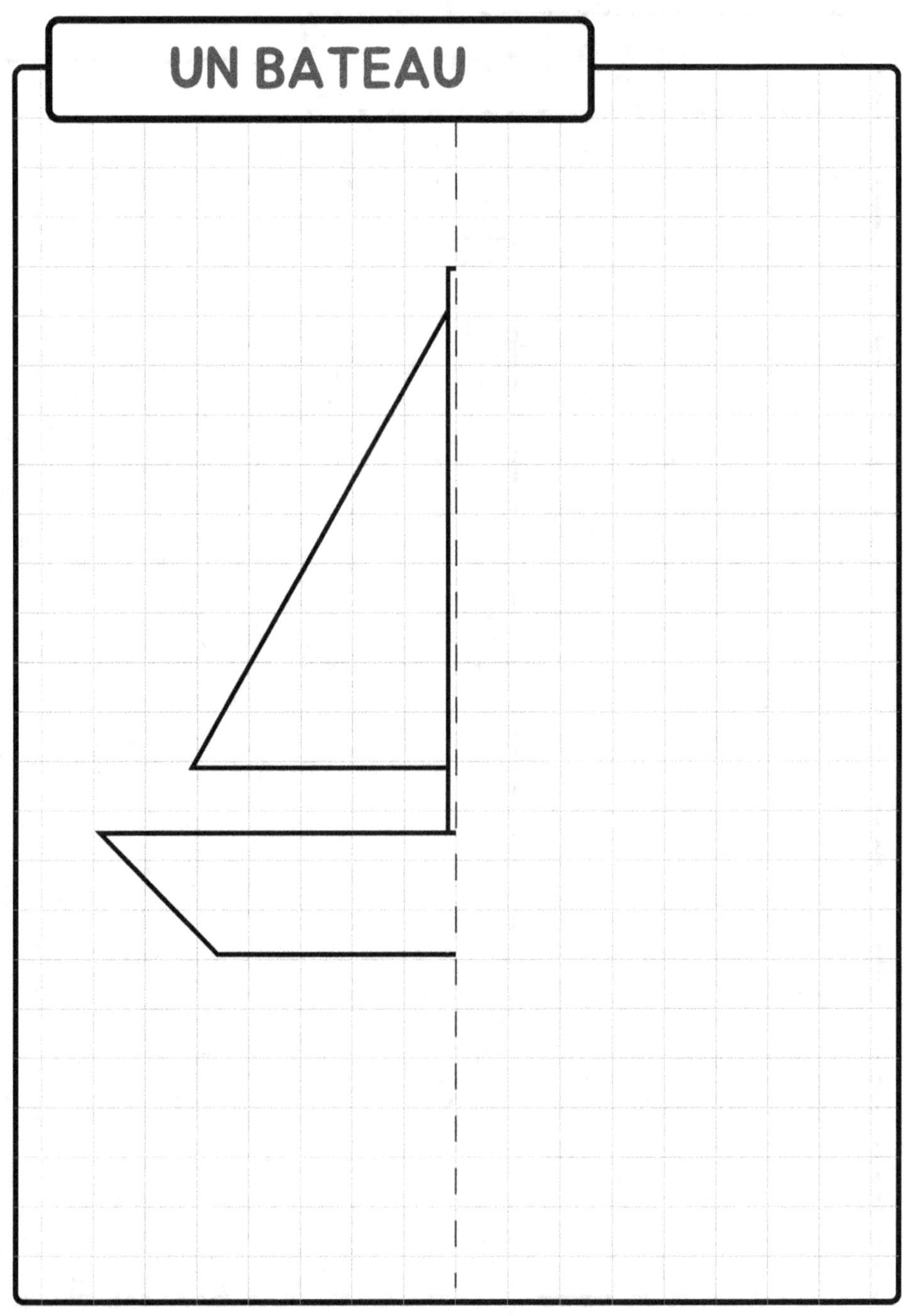

UN SAPIN

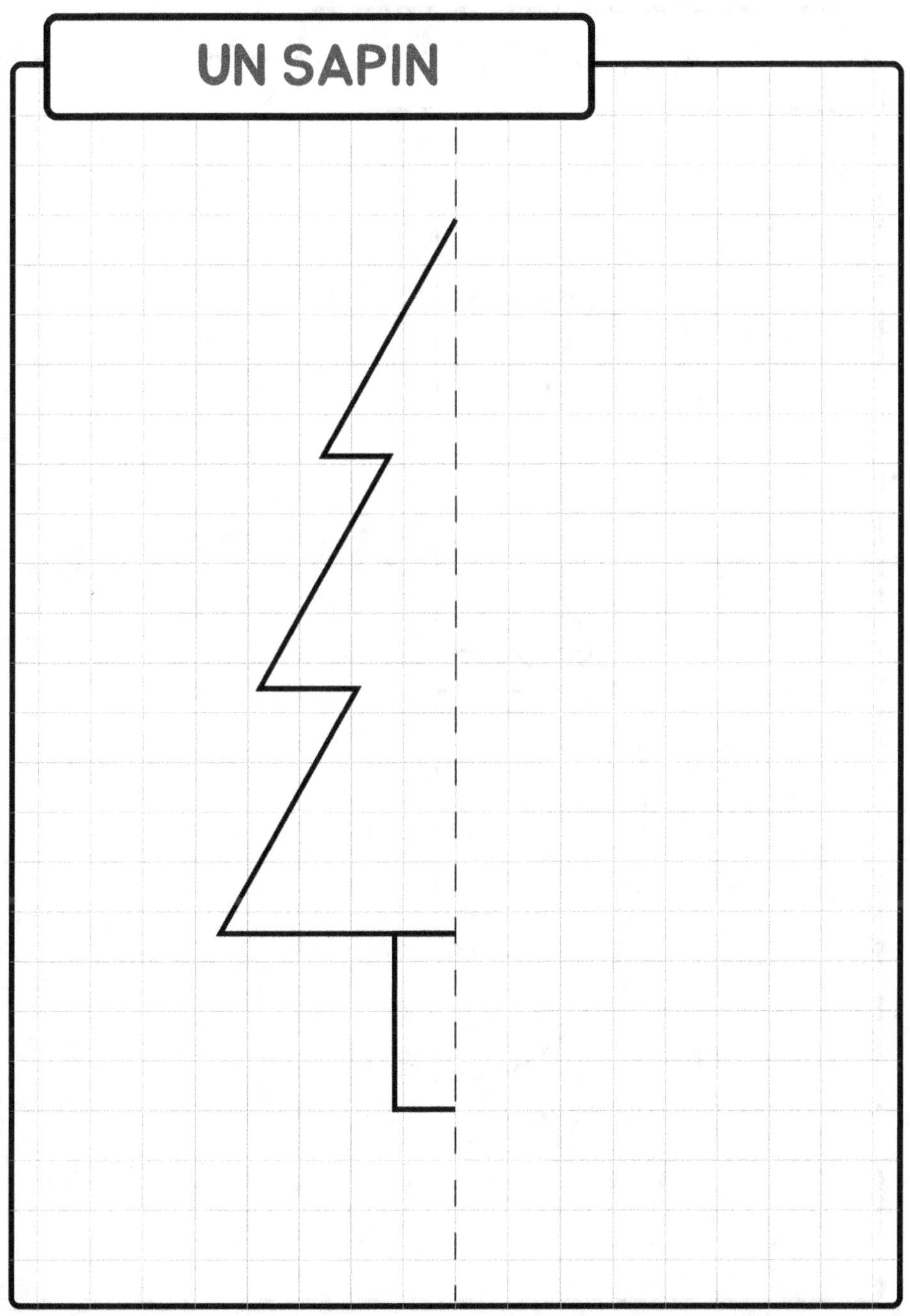

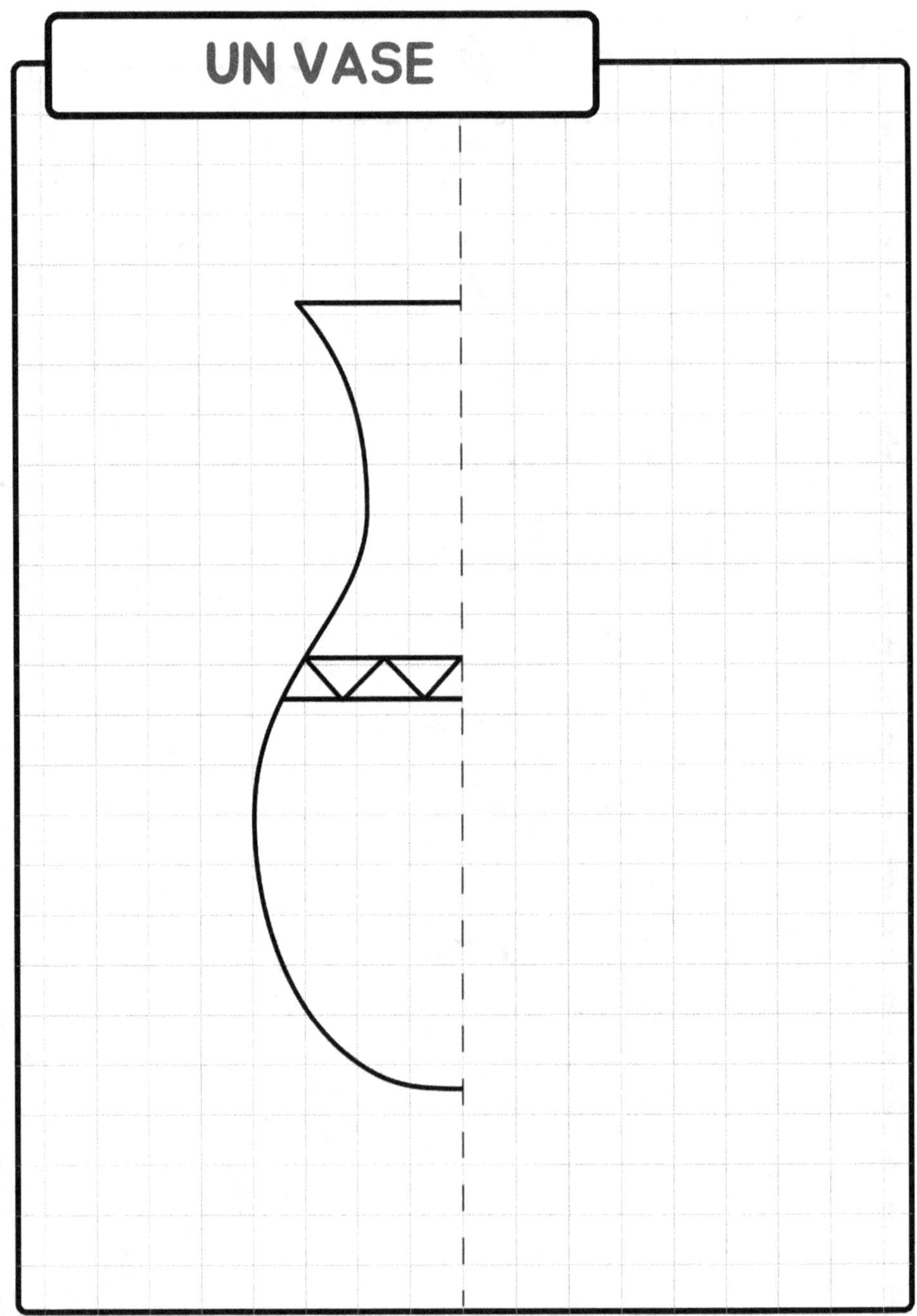

UN VASE

UNE COURONNE

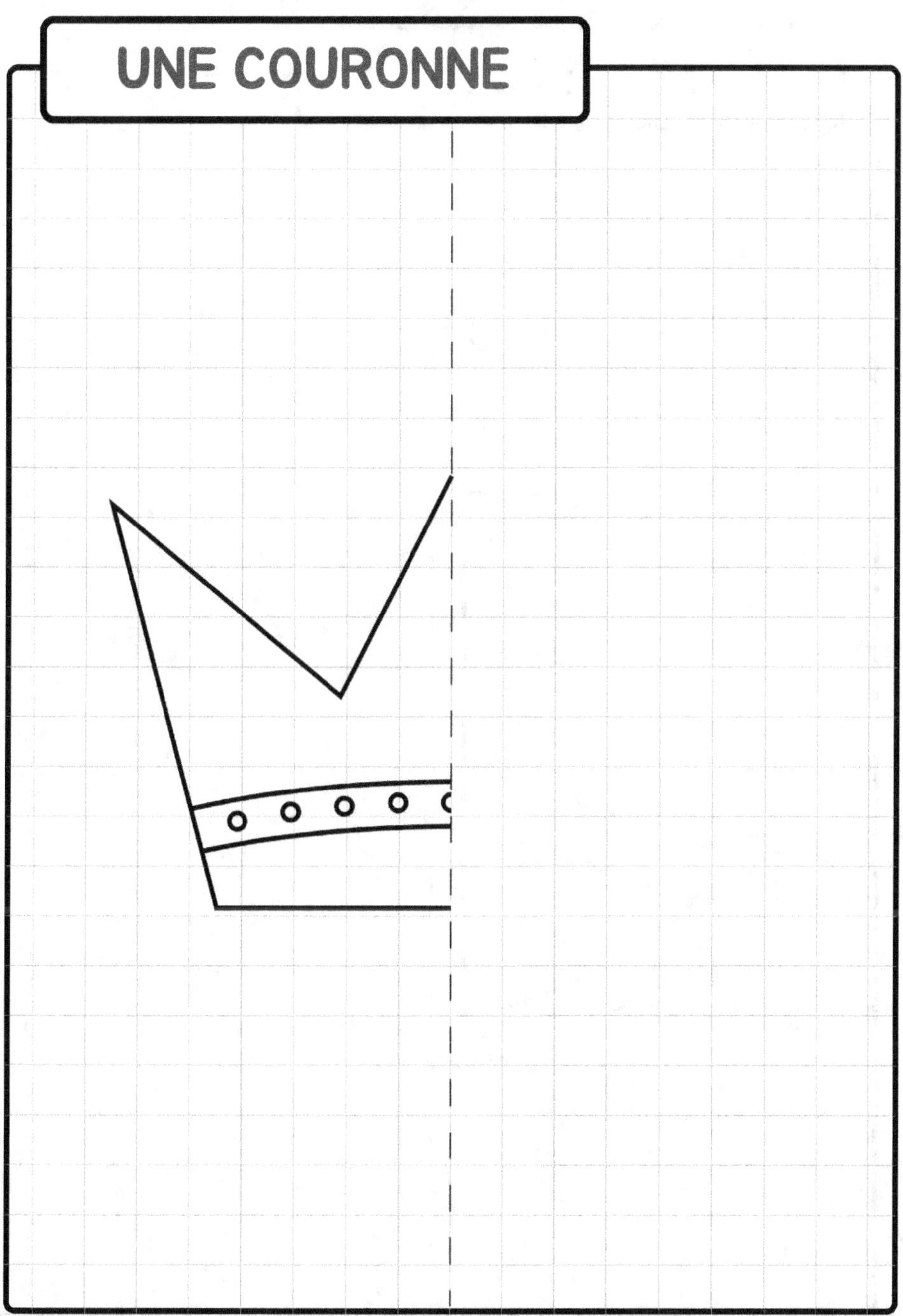

UNE ANCRE

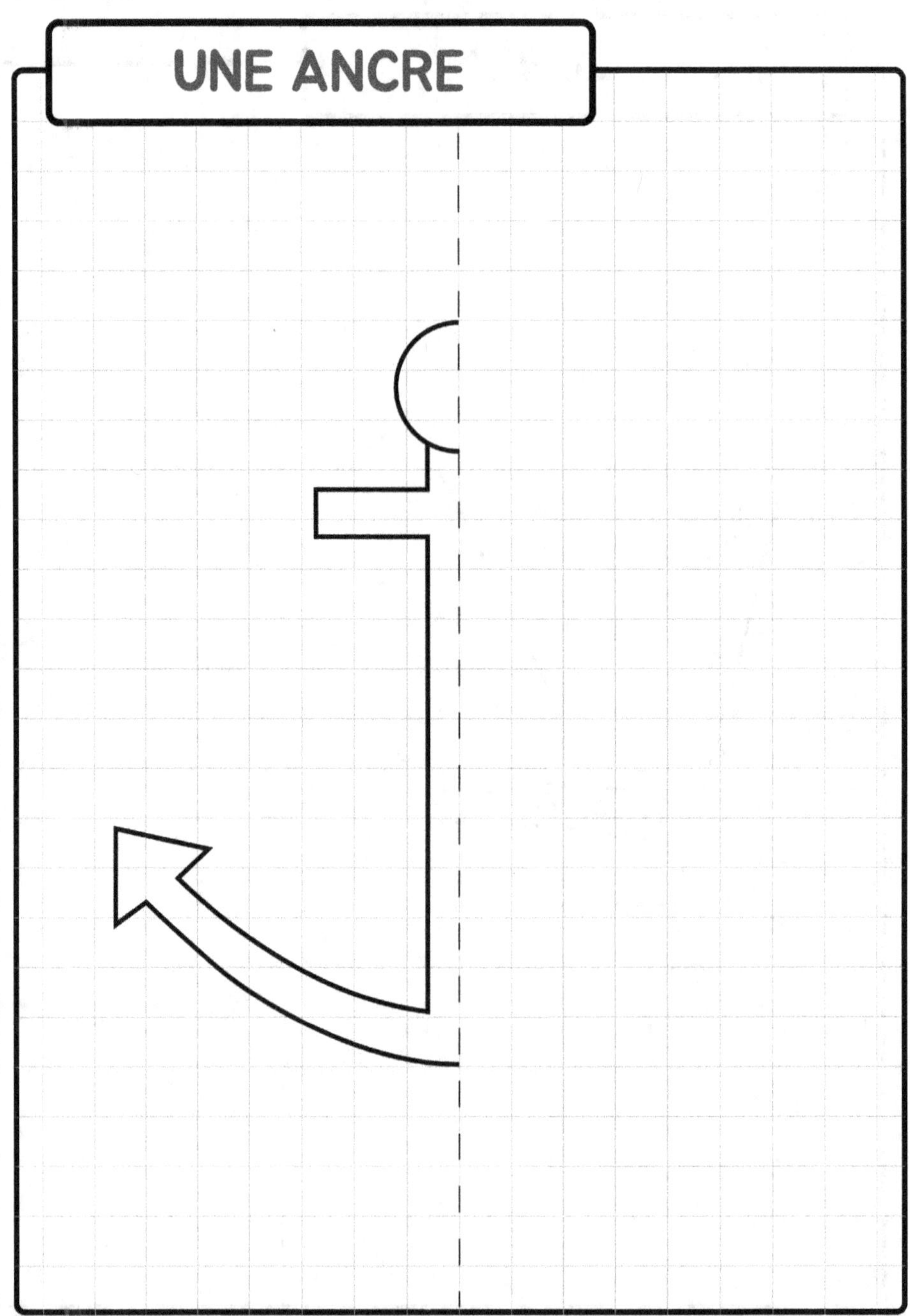

UNE FUSEE

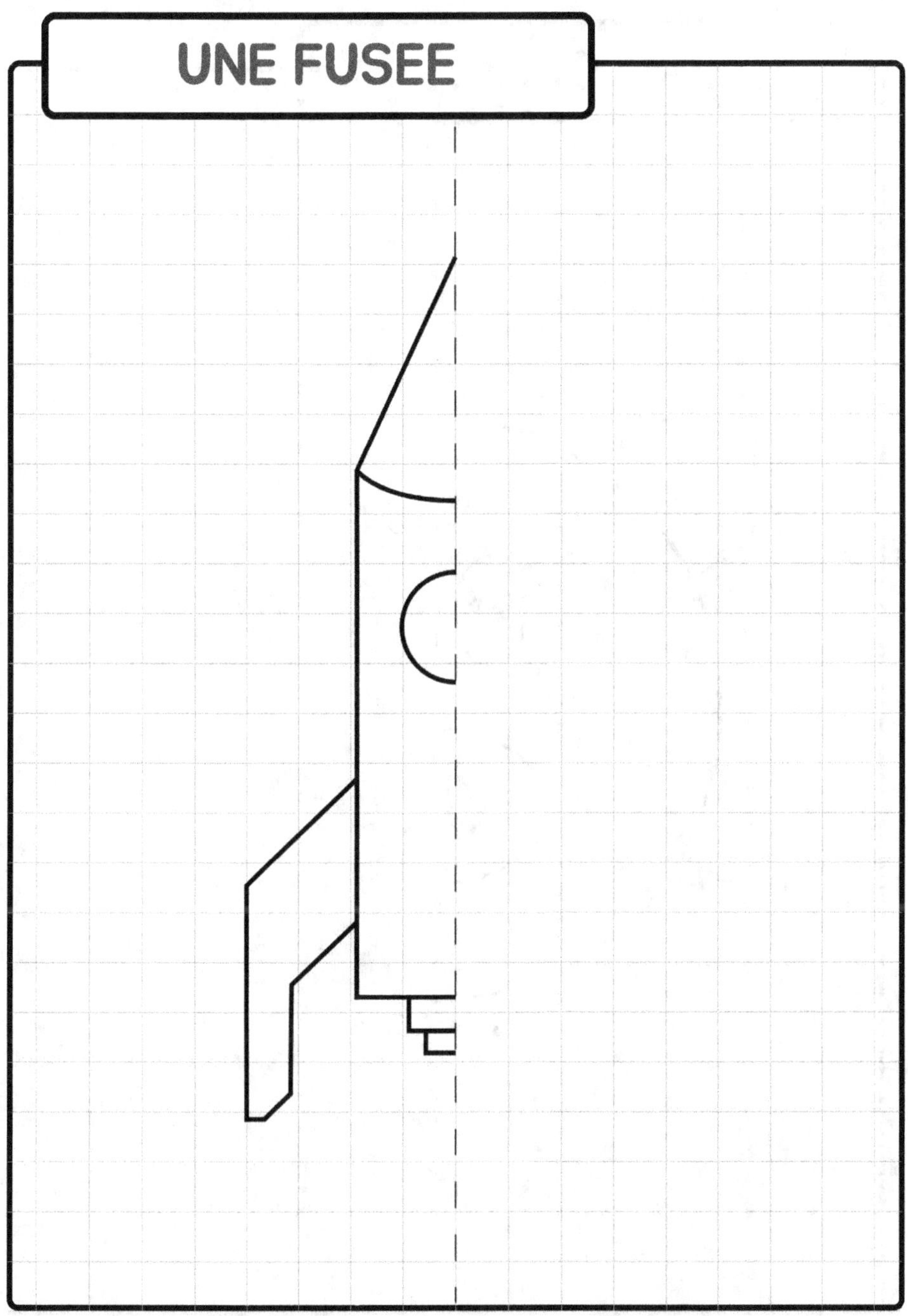

UN COCHON

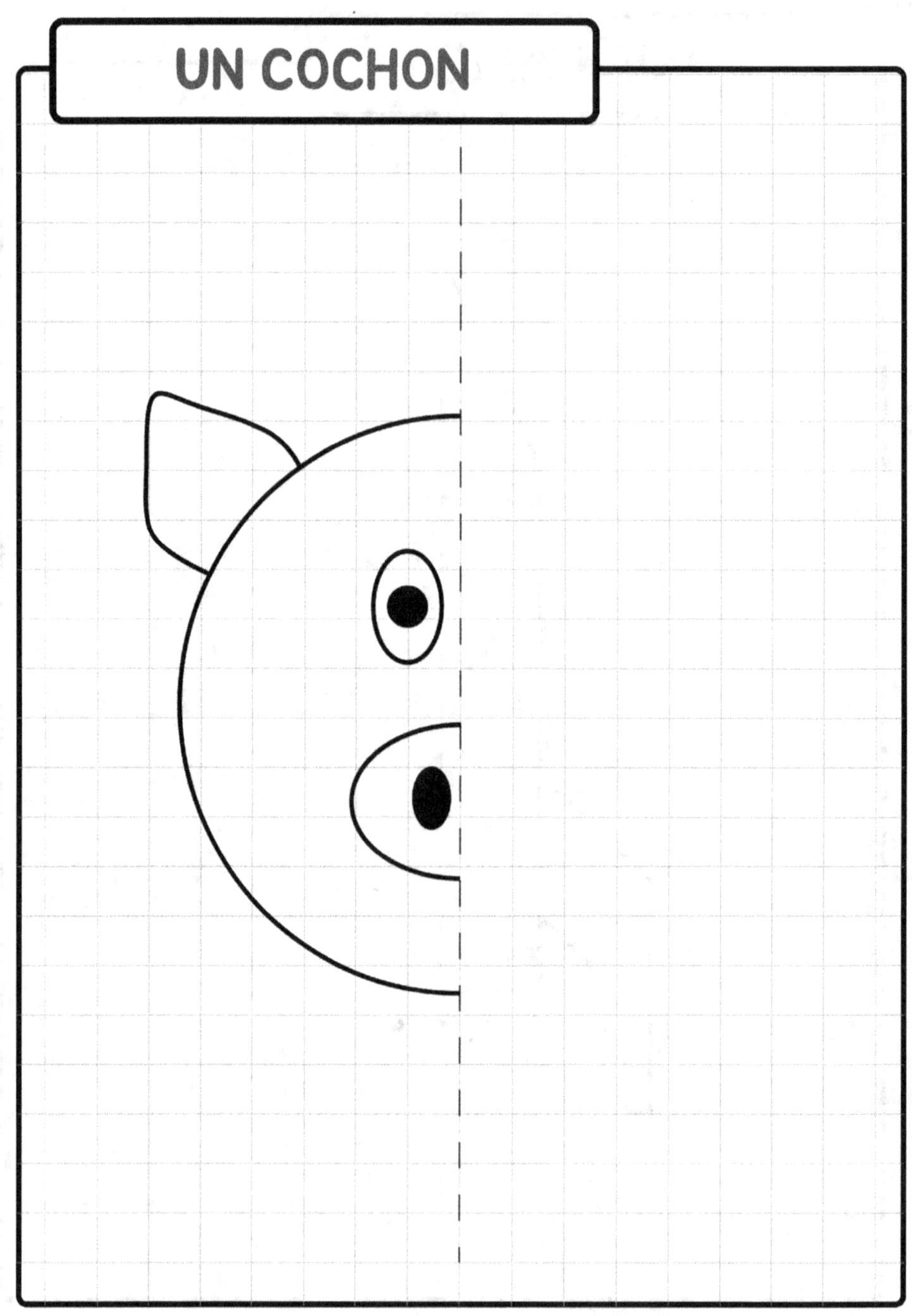

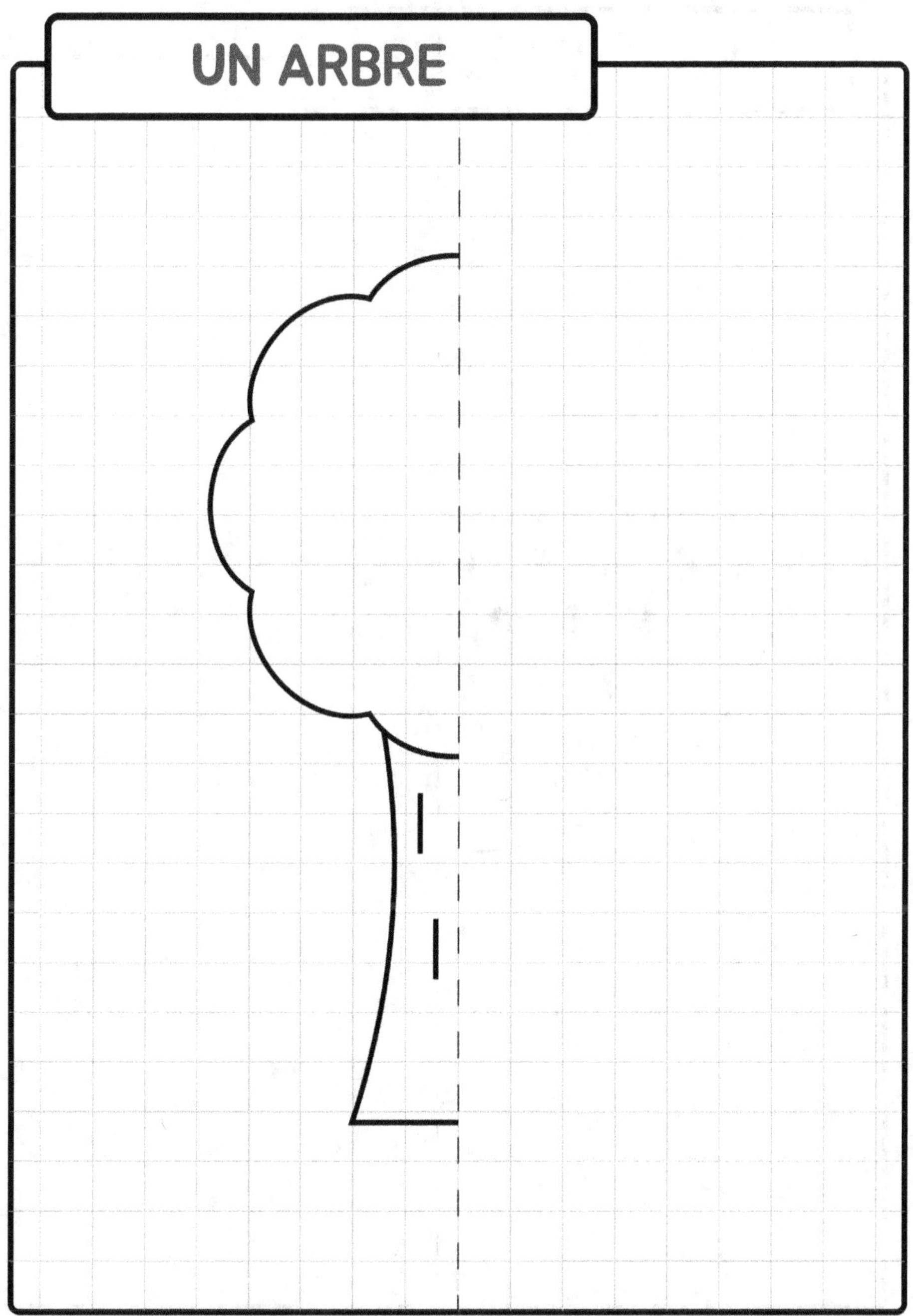

UN ARBRE

UNE PASTEQUE

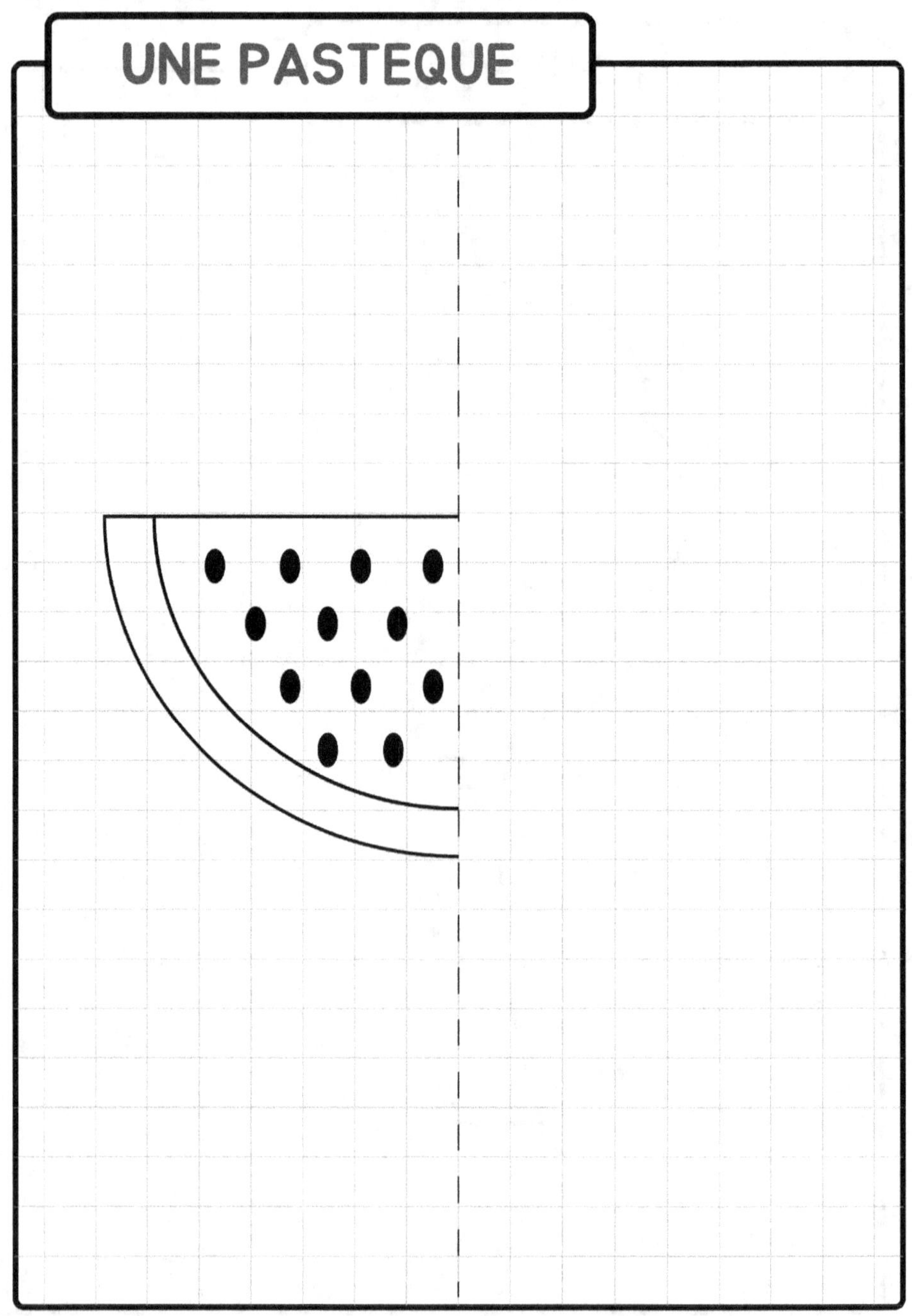

DU RAISIN

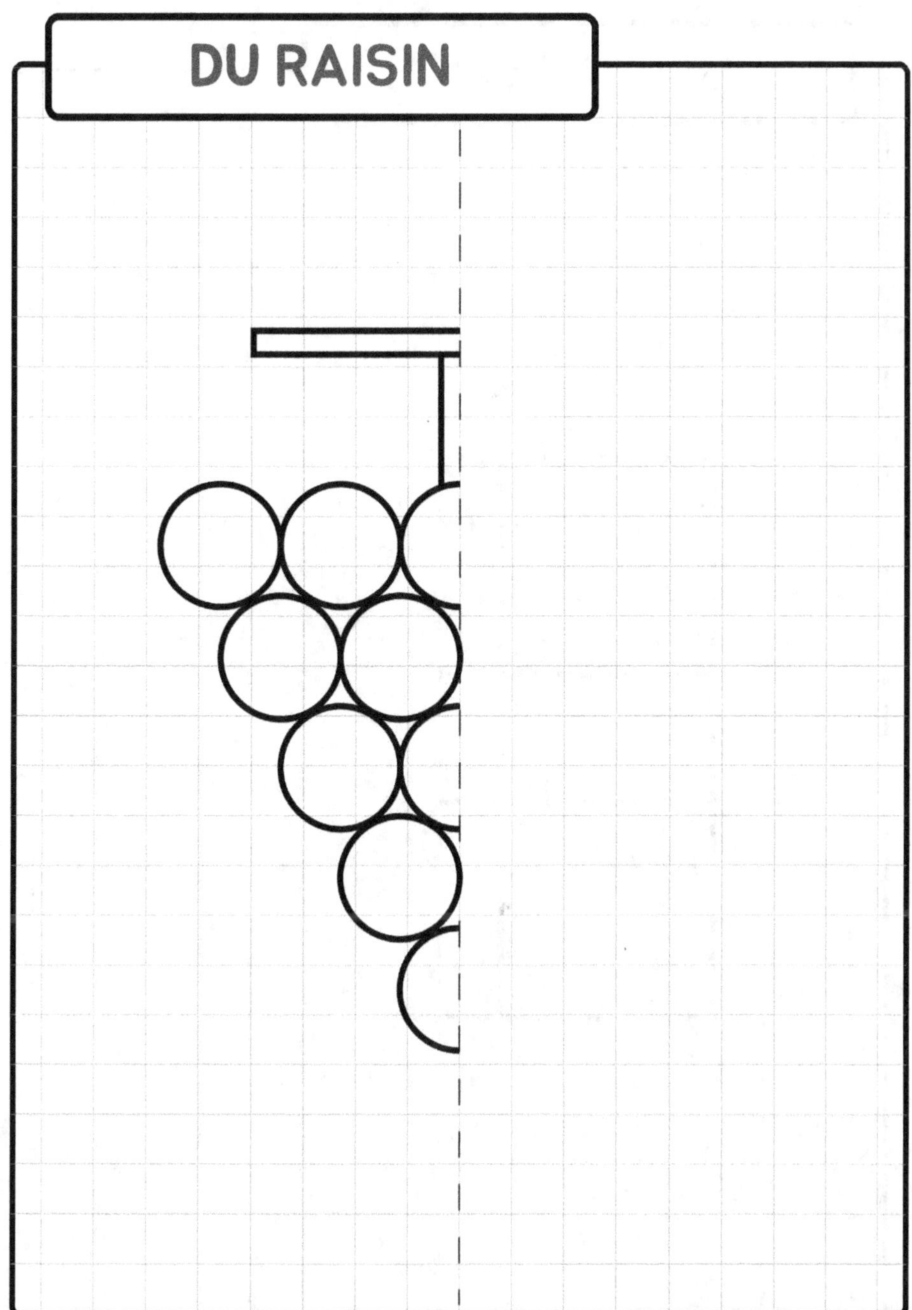

UN CADEAU

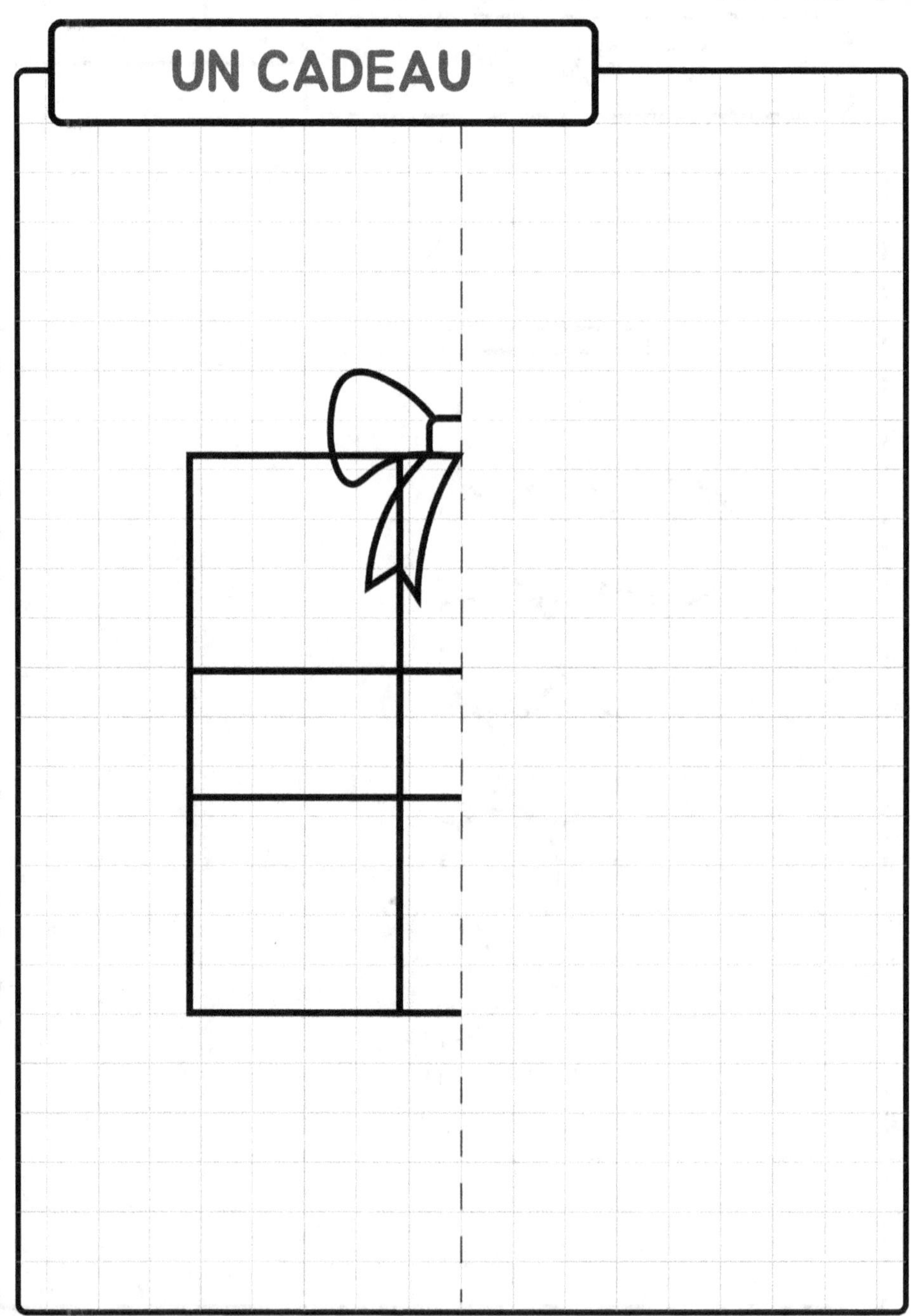

UNE ABEILLE

UN PALMIER

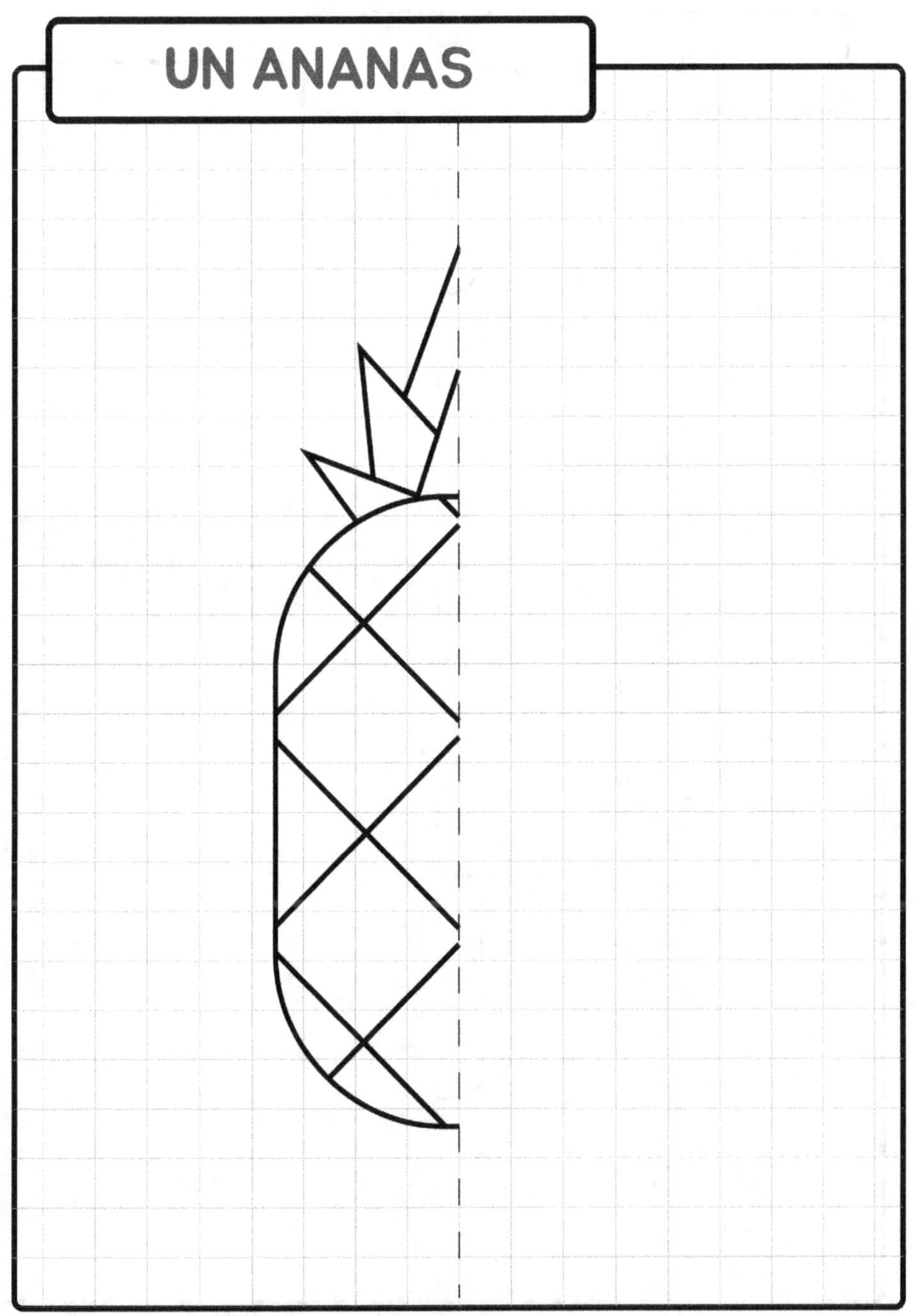

UNE GLACE

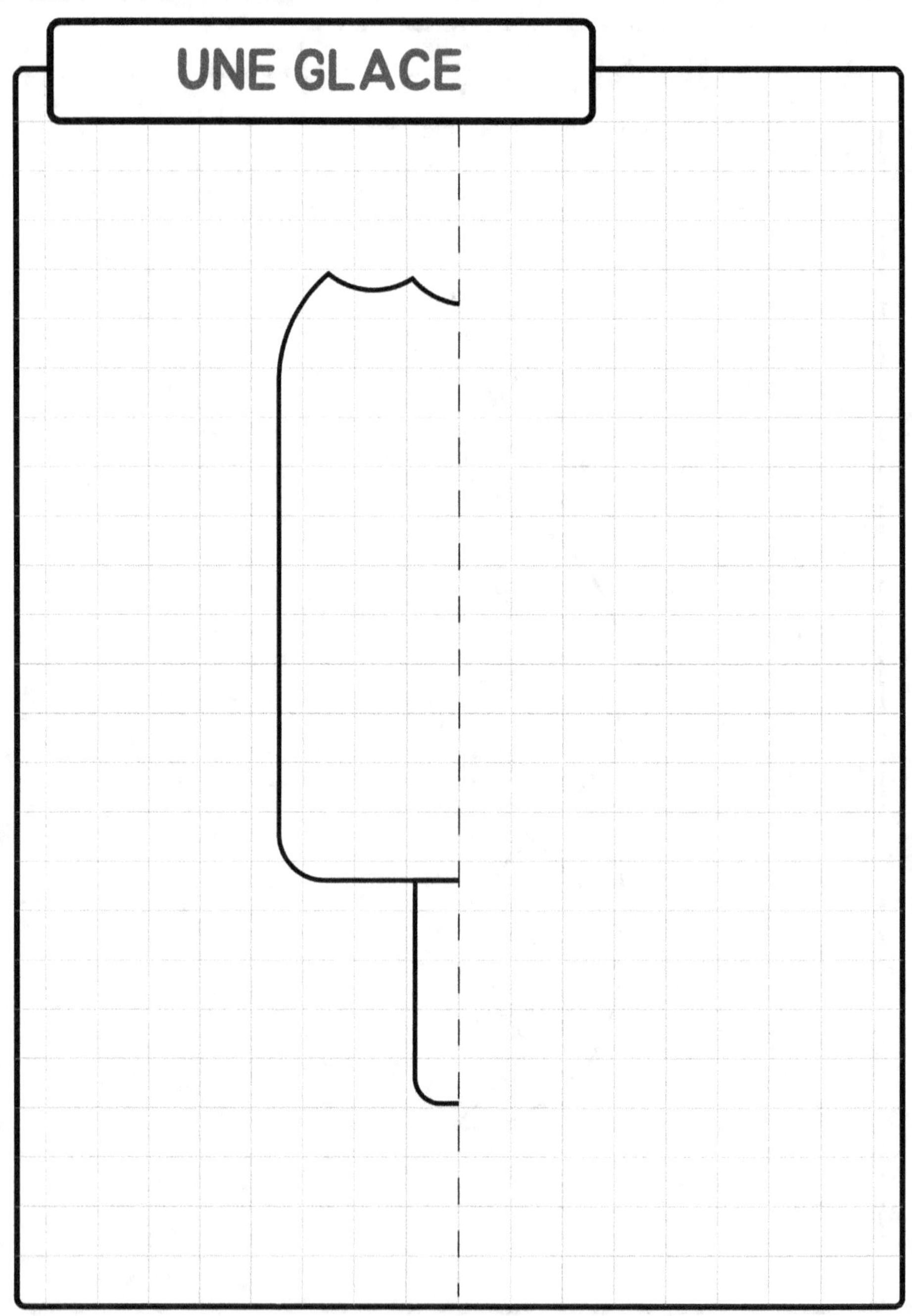

UN AVION

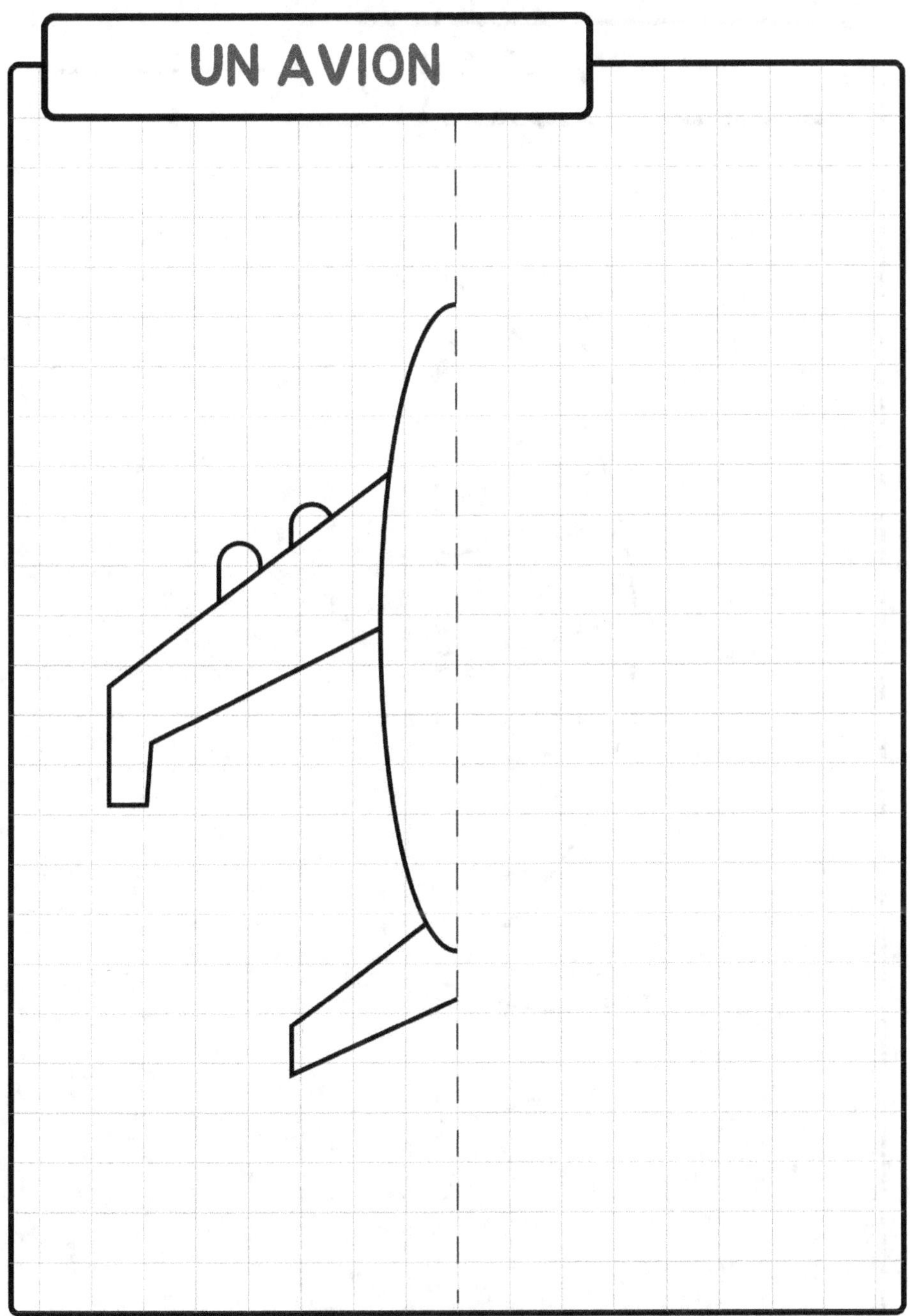

UN POISSON

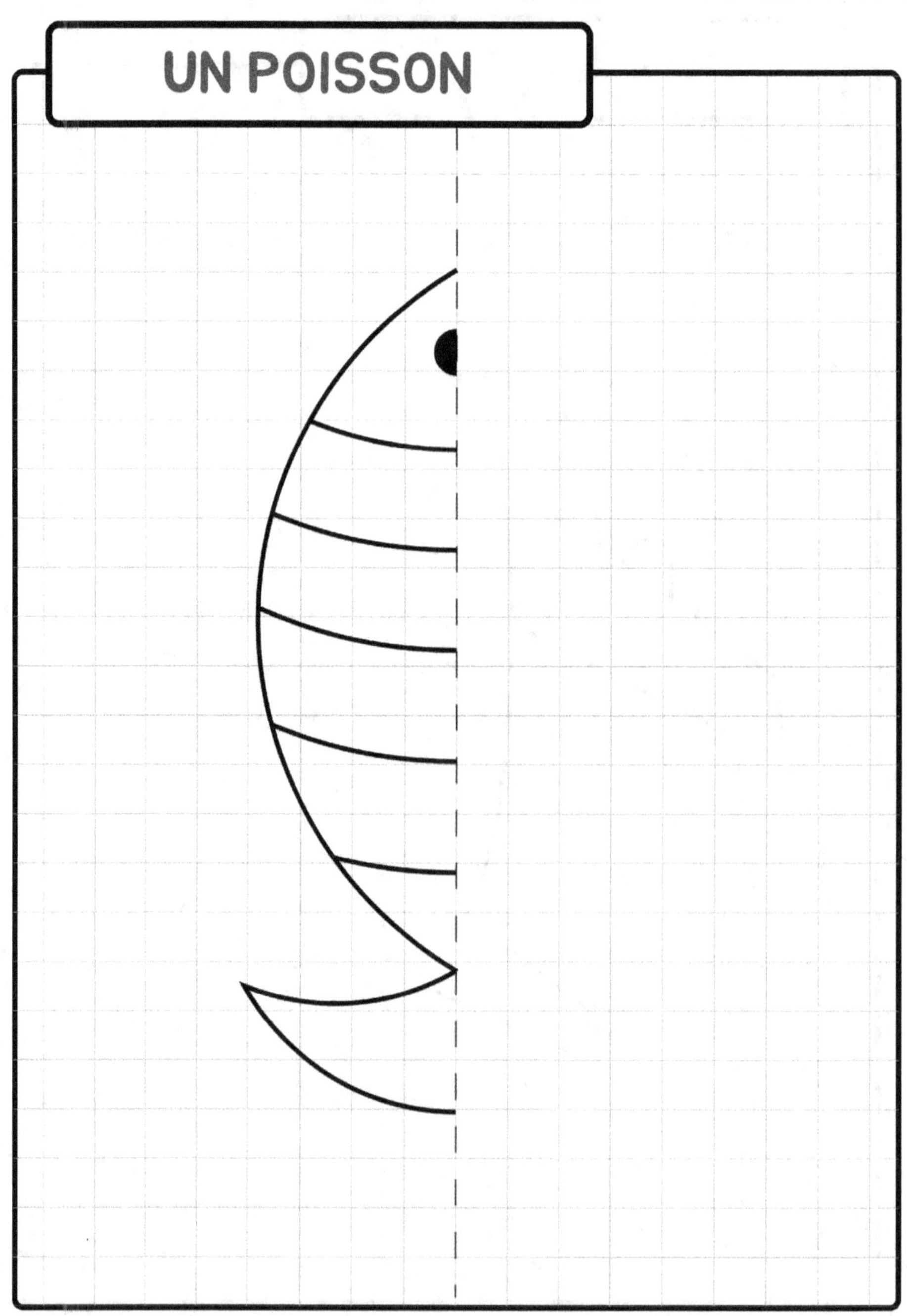

UN BALLON

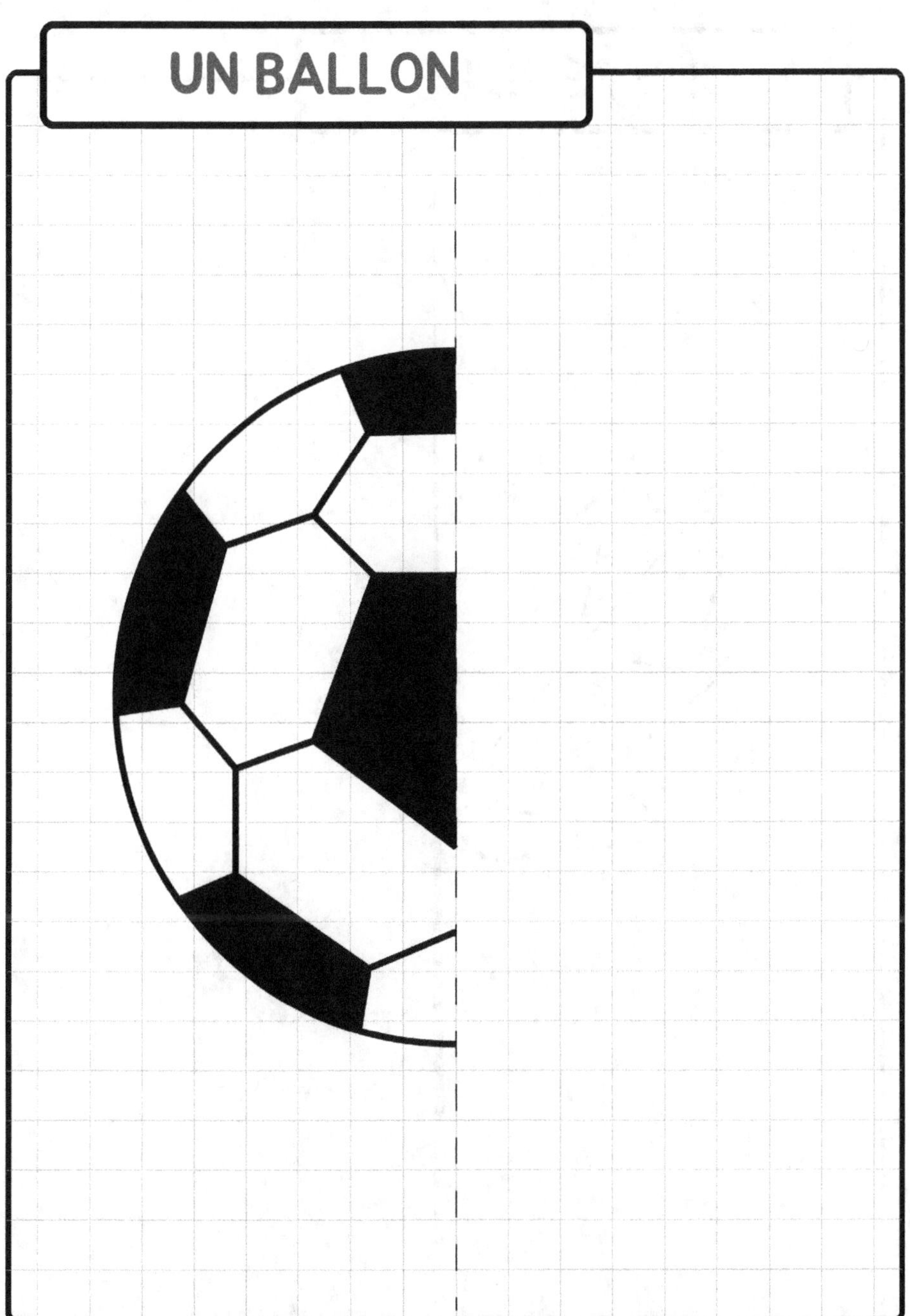

UNE FEUILLE

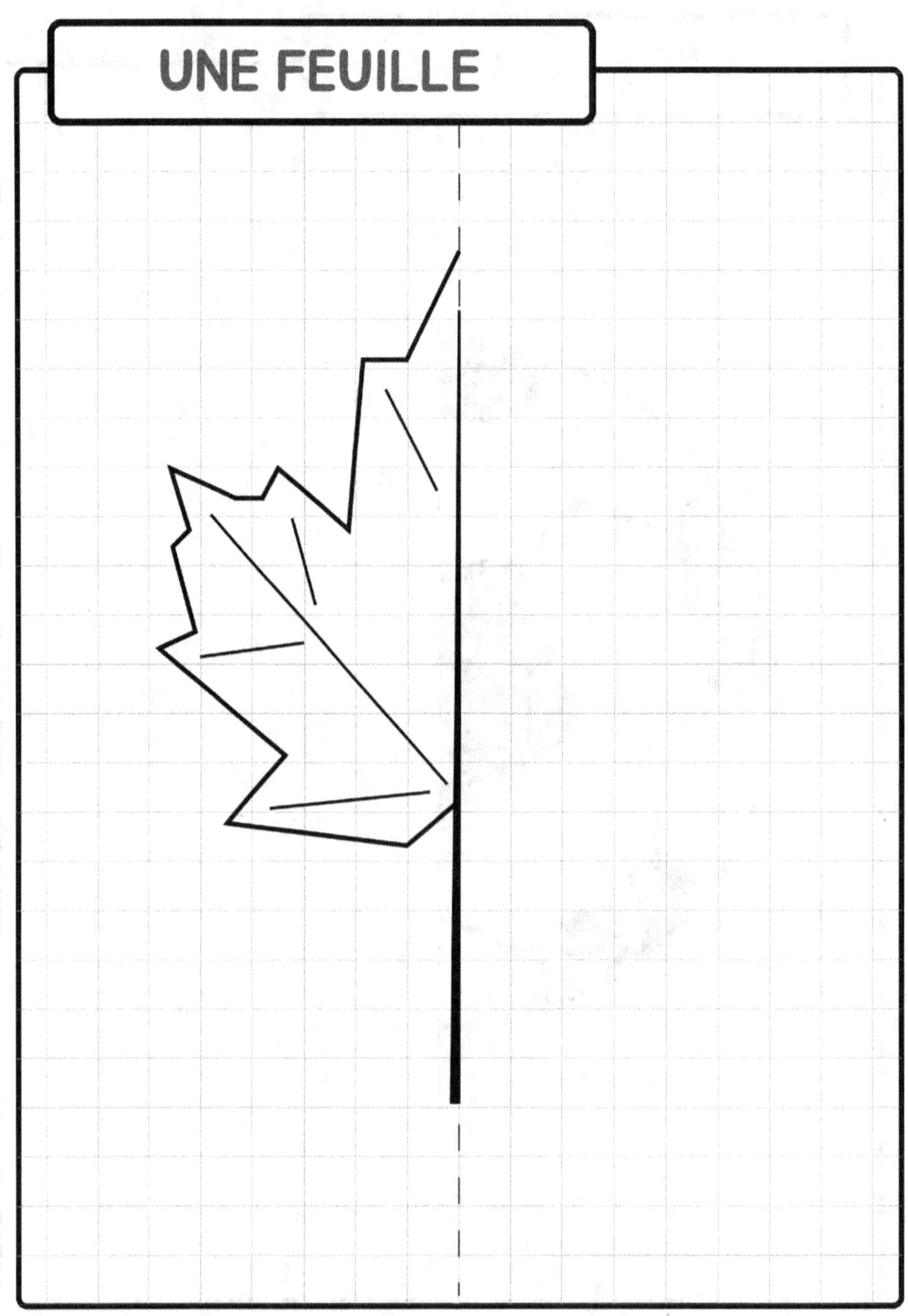

UN LIT

UN HIPPOPOTAME

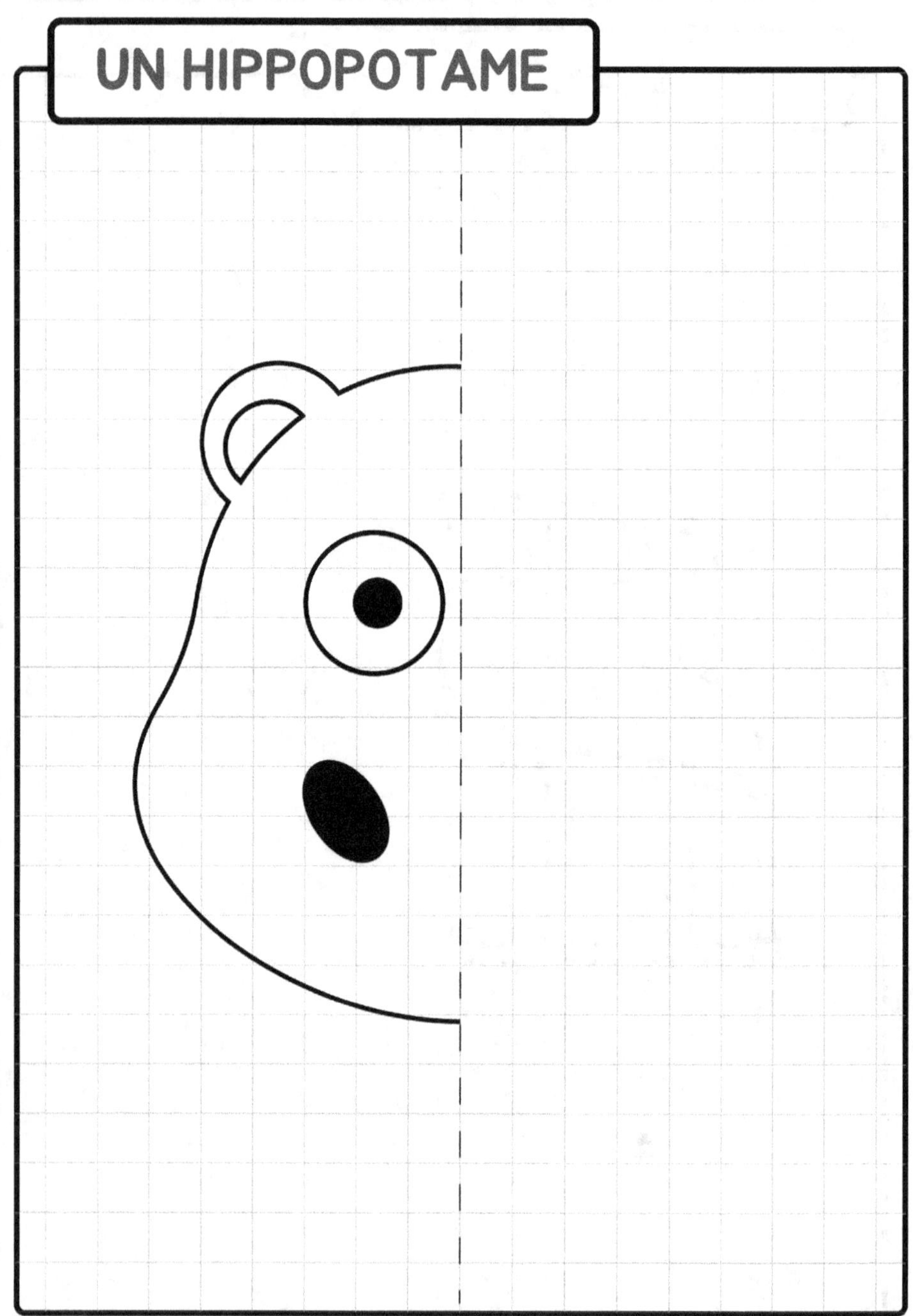

UN LAPIN

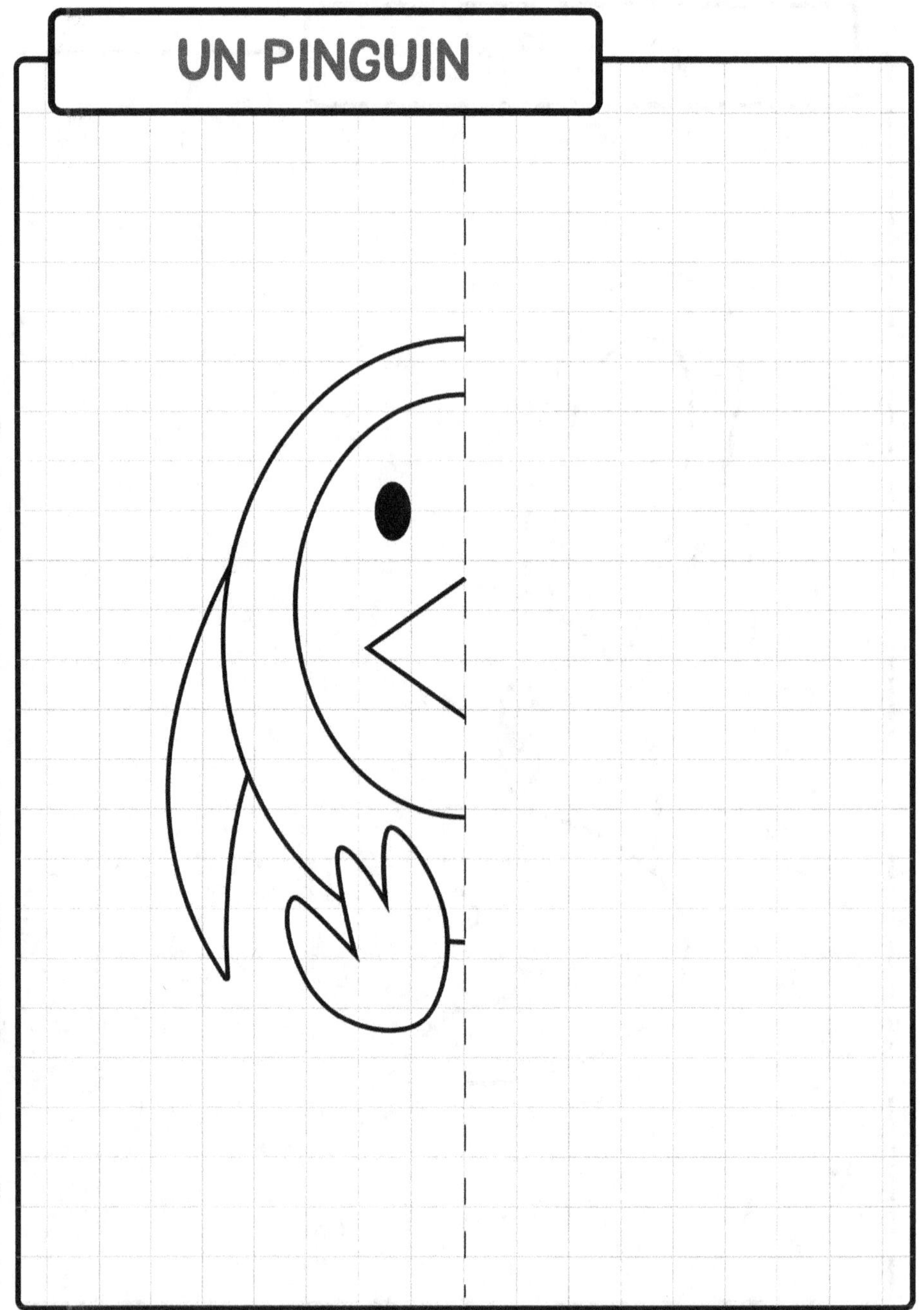

UN BOHOMME DE NEIGE

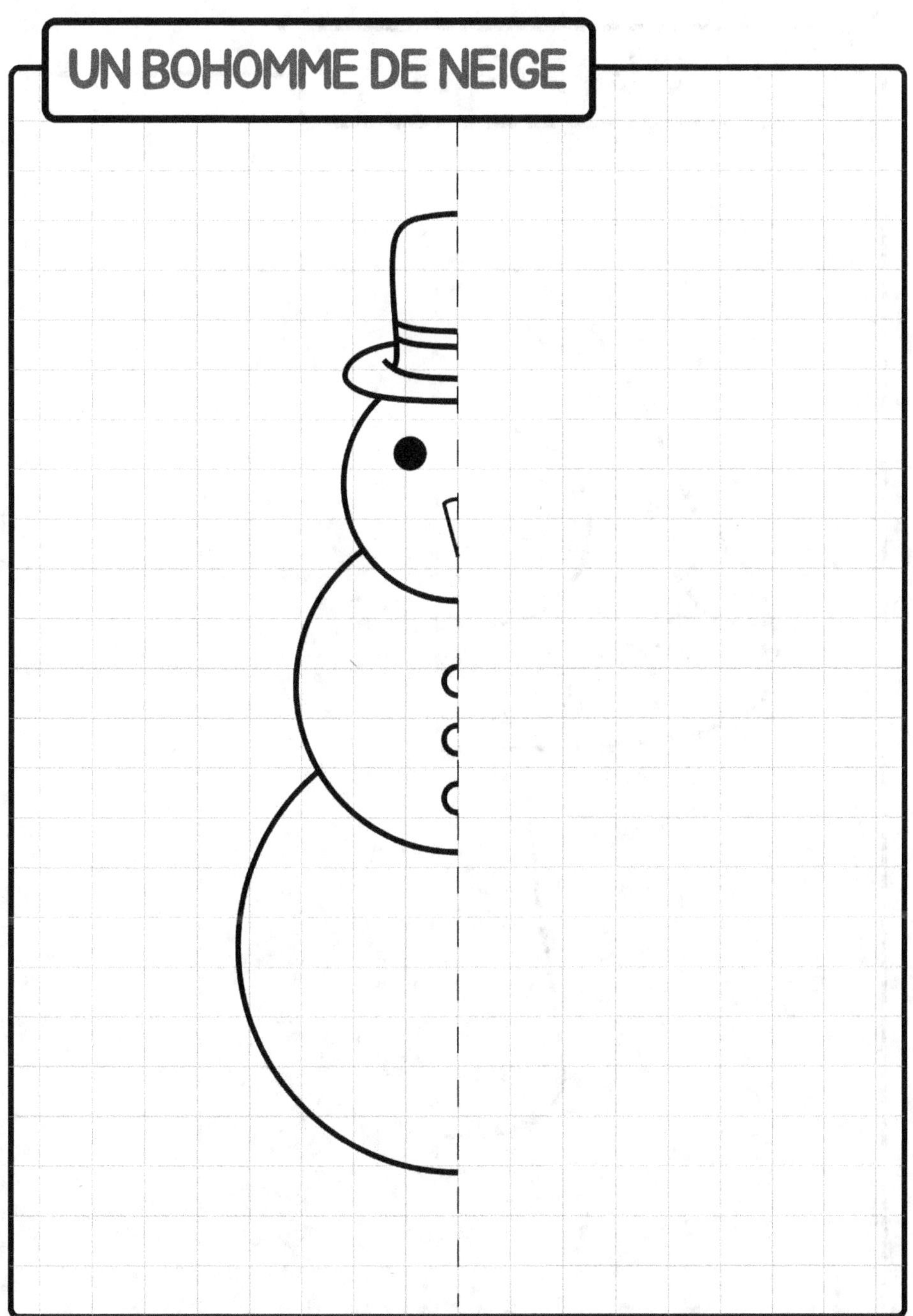

UN CHAMPIGNON

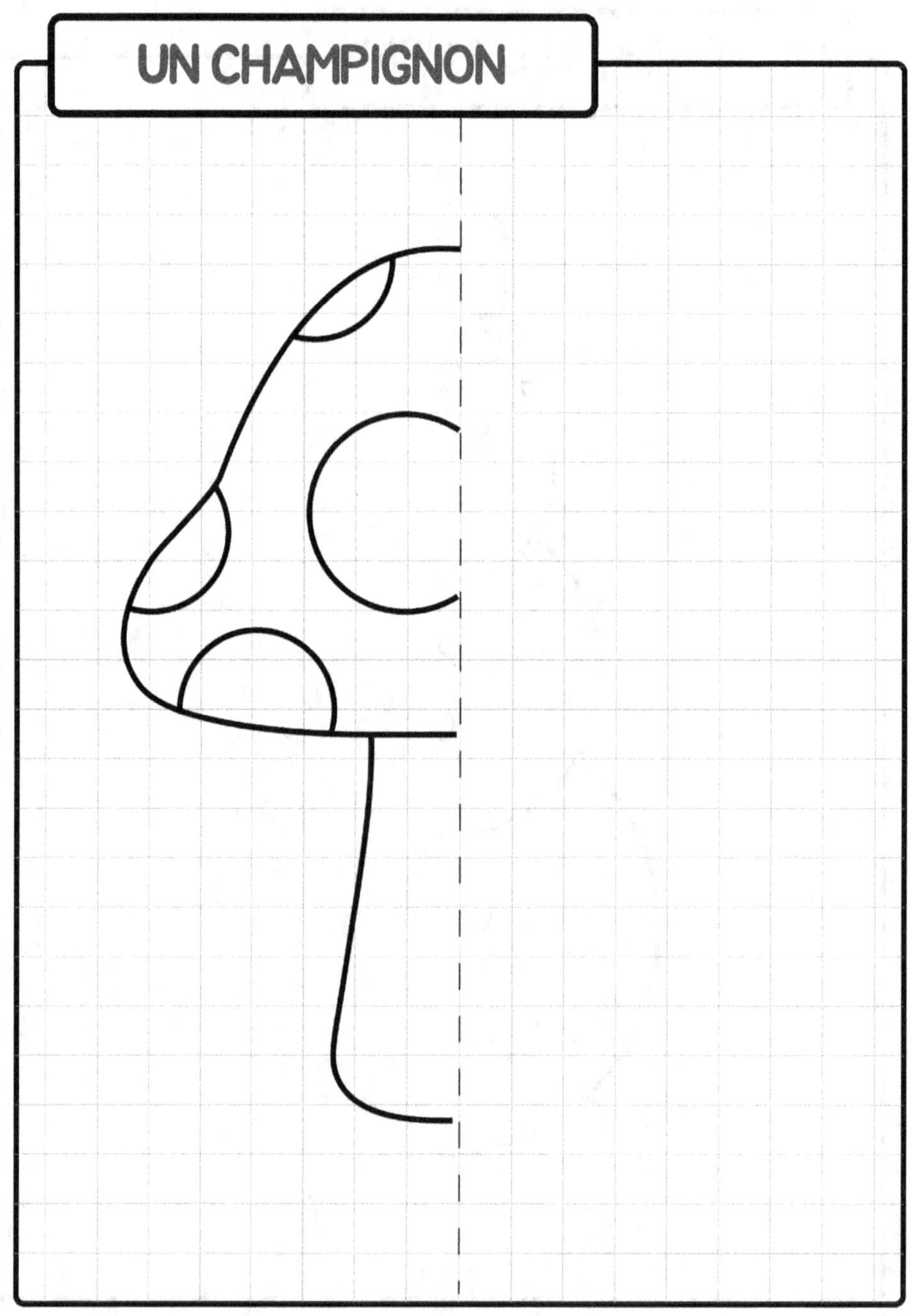

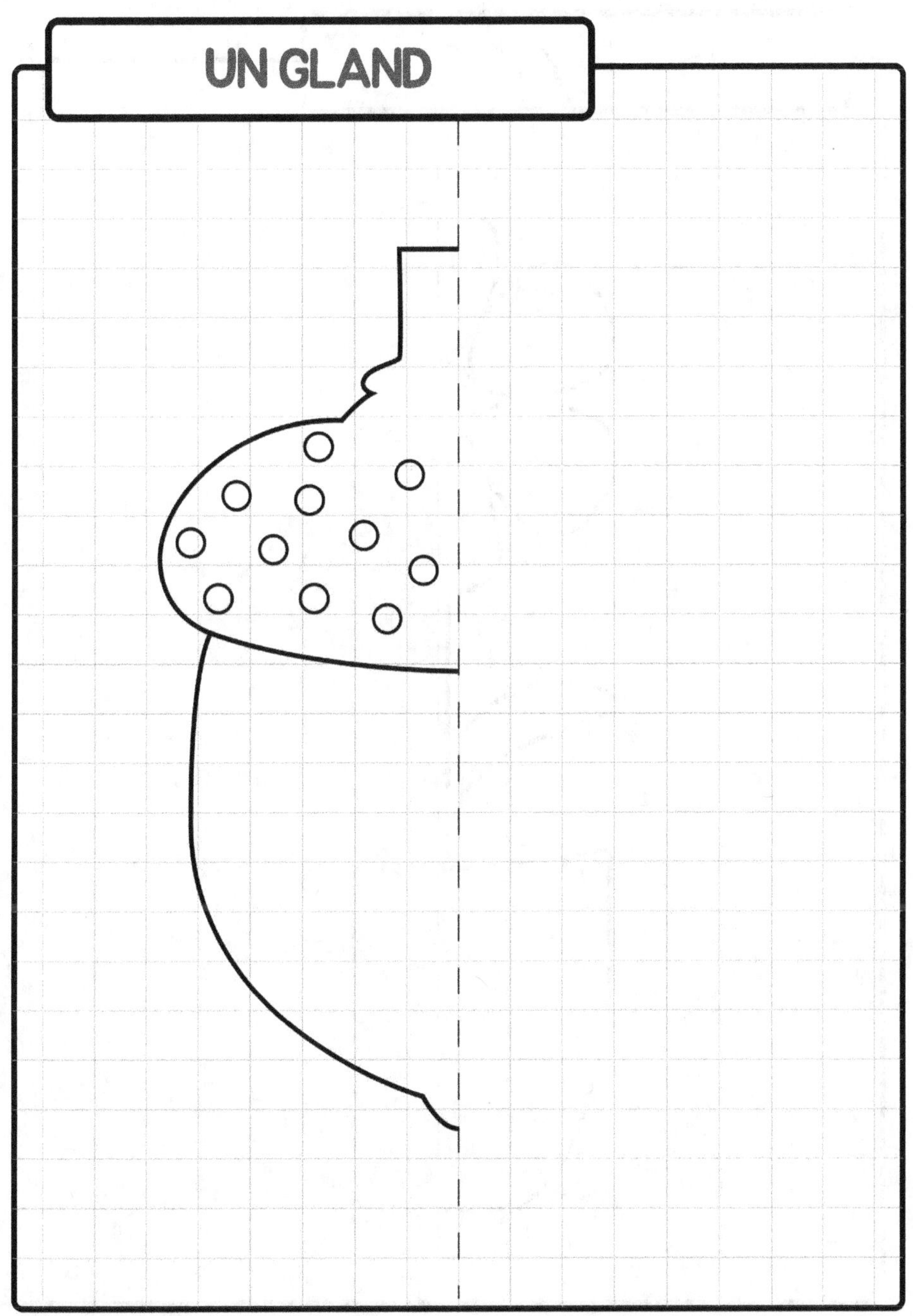

UN GLAND

UNE PLANTE

UN CASTOR

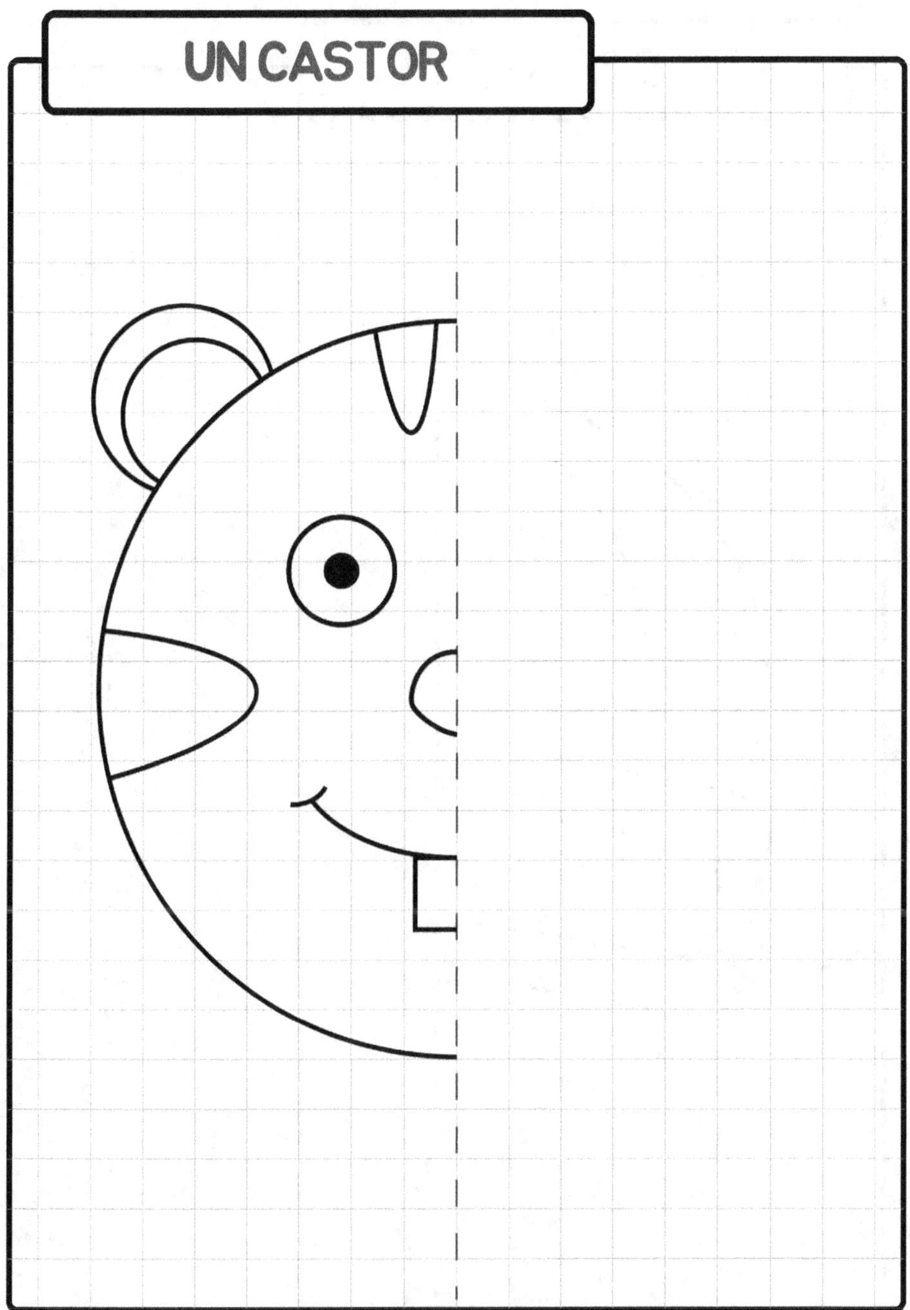

UNE CASQUETTE

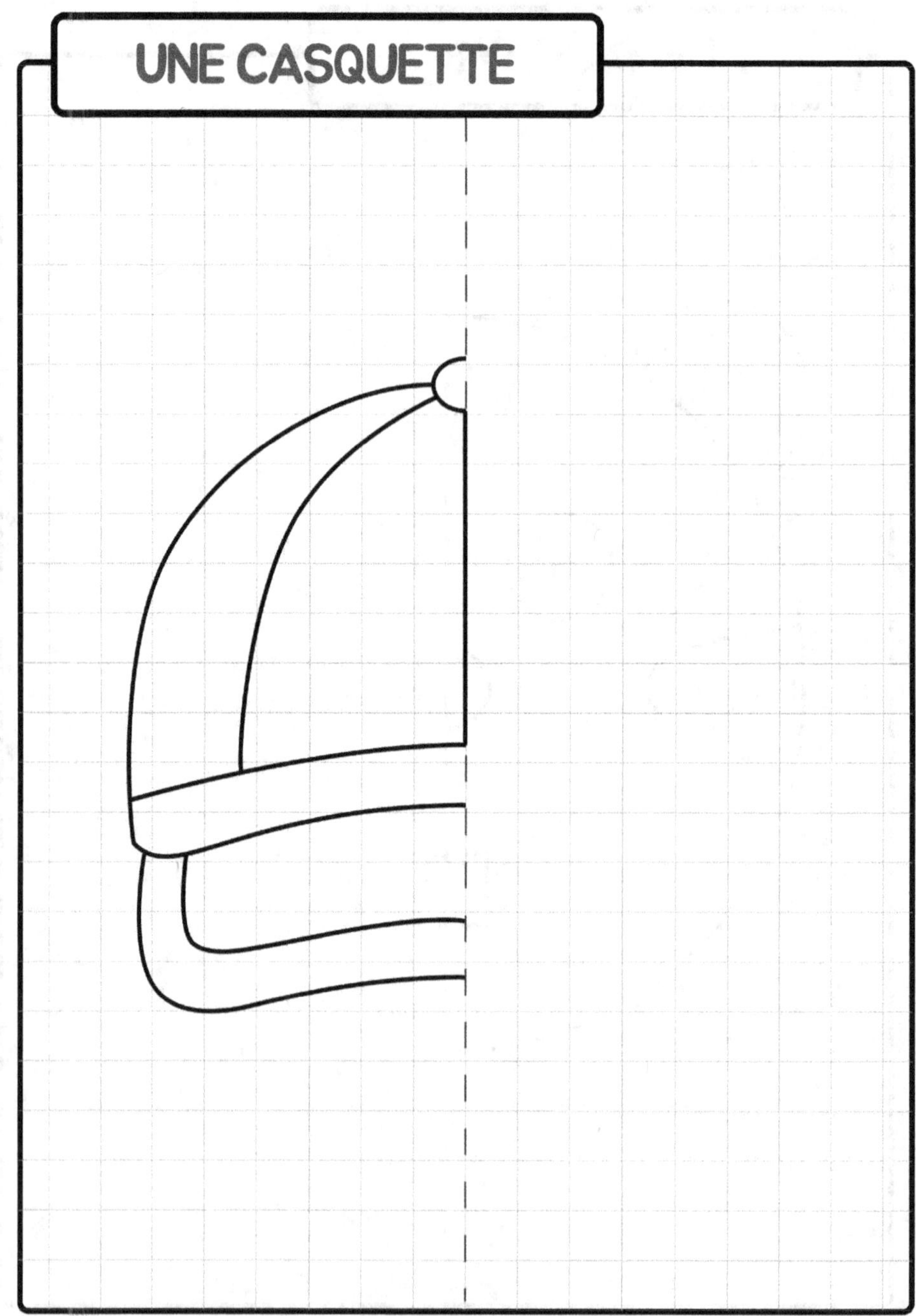

UN PANDA